杭州全书编纂指导委员会

杭州全书编辑委员会

王国平　总主编

质朴与艳丽：
良渚漆木器

赵　晔　著

杭州全书总序

城市是有生命的。每座城市，都有自己的成长史，有自己的个性和记忆。人类历史上，出现过不计其数的城市，大大小小，各具姿态。其中许多名城极一时之辉煌，但随着世易时移，渐入衰微，不复当年雄姿；有的甚至早已结束生命，只留下一片废墟供人凭吊。但有些名城，长盛不衰，有如千年古树，在古老的根系与树干上，生长的是一轮又一轮茂盛的枝叶和花果，绽放着恒久的美丽。杭州，无疑就是这样一座保持着恒久美丽的文化名城。

这是一座古老而常新的城市。杭州有8000年文化史、5000年文明史。在几千年历史长河中，杭州文化始终延绵不绝，光芒四射。8000年前，跨湖桥人凭着一叶小木舟、一双勤劳手，创造了辉煌的“跨湖桥文化”，浙江文明史因此上推了1000年；5000年前，良渚人在“美丽洲”繁衍生息，耕耘治玉，修建了“中华第一城”，创造了灿烂的“良渚文化”，被誉为“东方文明的曙光”。而隋开皇年间置杭州、依凤凰山建造州城，为杭州的繁荣奠定了基础。此后，从唐代“灯火家家市，笙歌处处楼”的东南名郡，吴越国时期“富庶盛于东南”的国都，北宋时即被誉为“上有天堂，下有苏杭”的“东南第一州”，南宋时全国的政治、经济、科教、文化中心，元代马可·波罗眼中的“世界上最美丽华贵之天城”，明代产品“备极精工”的全国纺织业中心，清代接待康熙、乾隆几度“南巡”的旅游胜地、人文渊薮，民国时期文化名人的集中诞生地，直到新中国成立后的湖山新貌，尤其是近年来为世人称羡不已的“最具幸福感城市”——杭州，不管在哪个历史阶段，都让世人感受到她的分量和魅力。

这是一座勾留人心的风景之城。“淡妆浓抹总相宜”的“西湖天下景”，“壮观天下无”的钱江潮，“至今千里赖通波”的京杭大运河（杭州段），蕴涵着“梵、隐、俗、闲、野”的西溪烟水，三秋桂子，十里荷花，杭州的一山一水、一草一木，都美不胜收，令人惊艳。今天的杭州，西湖成功申遗，中国最佳旅游城市、东方休闲之都、国际花园城市等一顶顶“桂冠”相继获得，杭州正成为世人向往之“人间天堂”“品质之城”。

这是一座积淀深厚的人文之城。8000年来，杭州“代有才人出”，文化名人灿若繁星，让每一段杭州历史都不缺少光华，而且辉映了整个华夏文明的星空；星罗棋布的文物古迹，为杭州文化添彩，也为中华文明增重。今天的杭州，文化春风扑面而来，经济“硬实力”与文化“软实力”相得益彰，文化事业与文化产业齐头并进，传统文化与现代文明完美融合，杭州不仅是“投资者的天堂”，更是“文化人的天堂”。

杭州，有太多的故事值得叙说，有太多的人物值得追忆，有太多的思考需要沉淀，有太多的梦想需要延续。面对这样一座历久弥新的城市，我们有传承文化基因、保护文化遗产、弘扬人文精神、探索发展路径的责任。今天，我们组织开展杭州学研究，其目的和意义也在于此。

杭州学是研究、发掘、整理和保护杭州传统文化和本土特色文化的综合性学科，包括西湖学、西溪学、运河（河道）学、钱塘江学、良渚学、湘湖（白马湖）学等重点分支学科。开展杭州学研究必须坚持“八个结合”：一是坚持规划、建设、管理、经营、研究相结合，研究先行；二是坚持理事会、研究院、研究会、博物馆、出版社、全书、专业相结合，形成“1+6”的研究框架；三是坚持城市学、杭州学、西湖学、西溪学、运河（河道）学、钱塘江学、良渚学、湘湖（白马湖）学相结合，形成“1+1+6”的研究格局；四是坚持全书、丛书、文献集成、研究报告、通史、辞典相结合，形成“1+5”的研究体系；五是坚持党政、企业、专家、媒体、市民相结合，形成“五位一体”的研究主体；六是坚持打好杭州牌、浙江牌、中华牌、国际牌相结合，形成“四牌共打”的运作方式；七是坚持权威性、学术性、普及性相结合，形成“专家叫好、百姓叫座”的研究效果；八是坚持有章办事、有人办事、有钱办事、有房办事相结合，形成良好的研究保障体系。

《杭州全书》是杭州学研究成果的载体，包括丛书、文献集成、研究报告、通史、辞典五大组成部分，定位各有侧重：丛书定位为通俗读物，突出“俗”字，做到有特色、有卖点、有市场；文献集成定位为史料集，突出“全”字，做到应收尽收；研究报告定位为论文集，突出“专”字，围绕重大工程实施、通史编纂、世界遗产申报等收集相关论文；通史定位为史书，突出“信”字，体现系统性、学术性、规律性、权威性；辞典定位为工具书，突出“简”字，做到简明扼要、准确权威、便于查询。我们希望通过编纂出版《杭州全书》，全方位、多角度地展示杭州的前世今生，发挥其“存史、释义、资政、育人”作用；希望人们能从《杭州全书》中各取所需，追寻、印证、借鉴、取资，让杭州不仅拥有辉煌的过去、璀璨的今天，还将拥有更加美好的明天！

是为序。

王国平

2012年10月

良渚全书序

余杭历史悠久，底蕴深厚。在这片美丽而富饶的土地上，5000年的良渚文化、2000年的运河文化、1000年的径山禅茶文化交相辉映、珠联璧合，见证着余杭过往的辉煌。千年流转传承中，这些文化已经深深融入当地人民的生产生活中，成为余杭创新发展、持续发展的强大支撑。

这些文化中，良渚文化无疑是桂冠上的明珠。良渚文化是我国长江下游环太湖流域的重要史前考古学文化，由余杭良渚人施昕更先生于1936年首先发现，由中国著名考古学家夏鼐先生于1959年正式命名。良渚文化以稻作农业为经济支撑，出现了复杂的社会分工、阶层分化与城市文明，拥有着统一信仰和神权与王权结合的早期国家形态，代表了东亚文明的发展模式，影响了中华文明悠悠五千年。

良渚遗址是良渚文化遗存分布最为密集、最为核心的地区。这里发现了保存完好的古城遗址、中国最早的水利系统，是古代中国的重要见证。为了保护好这一弥足珍贵的历史文化遗产，余杭历届党委政府和余杭人民迈出了坚定步伐、付出了艰辛努力，在全国率先按照“文物特区”模式理顺保护管理的体制机制，率先建立大遗址保护补偿机制，开创性建立土地出让金反哺文物保护机制，大遗址保护的“良渚实践”得到了中央和国家文物局的充分肯定并在全国范围内总结推广。

保护是一种责任，更是对历史的尊重，对文脉传承的守望。2019年7月6日，良渚古城遗址列入《世界遗产名录》，标志着中华5000多年文明史得到了世界范围的普遍认可。凝望良渚遗址的未来，我们将更加努力地贯彻习近平总书记关于良渚遗址保护利用工作的重要批示指示精神，站在实现中华民族伟大复兴的中国梦和文化自信的高度，牢固树立“保护文物也是政绩”的科学理念，积极促进良渚遗址的大研究大保护大利用，推动良渚遗址在保护中发展，在发展中保护，在保护发展中再活一个5000年，让良渚遗址真正成为全面展示古代中国和现代中国的实践标杆和生动样板。

为了让更多的群众了解良渚文化、关注良渚遗址，更好地建设经营我们的美丽家园，余杭区委区政府委托良渚研究院组织专家学者编纂和出版了这套《良渚全书》。这套全书旨在探究良渚学的内涵价值，推动研究成果的整理、公布和展示。我们的作者都是以最严谨的学术态度和最饱满的工作热情，结合目前最新的考古研究成果进行撰写，力求用科学的解析和通俗的语言，为读者形象描绘出良渚文化时期人类社会与自然环境相生相伴的场景。

衷心希望这套全书的出版，能够让更多的人认识、知晓良渚文化，积极加入良渚遗址保护、研究、传承和利用的伟大实践中来，为余杭在大杭州发展格局中发挥独特的、不可替代的作用奉献智慧、贡献力量！

目　录

绪　言

古史记载，上古时期有巢氏构木为巢；燧人氏钻木取火；神农氏斫木为耜，揉木为耒；黄帝轩辕拔山通道，作宫室，判弓矢，造舟车，广辟木材利用之途。这些有关木材使用的传说和记述，在考古发掘中大多已被证实，而且年代更久远，种类更丰富，技术更成熟。

石块、木料、泥土是人类社会最容易接触和利用的自然资源，由此产生的石器、木器和陶器构成了史前社会的三大物质基础。随着社会的发展和进步，又出现了玉器这样的观念性艺术品。考古学家在发掘史前遗址时，最多见的是陶器和石器，玉器作为奢侈品，在特定遗迹中也能被成批发现，但木器和与之相关的漆器却很少被发现。究其原因是它们是有机质遗存，很难被保存下来。好在终究有保存下来的木器和漆器，虽然数量不多，却大体能反映当时漆木器的基本状况，其中也有精致和高端的产品，其工艺水平远超我们的想象。漆木器既然是古代不可或缺的一项物质大类，我们就有必要揭示其真实面貌，否则，我们看到的古代社会就不是完整的社会。

五千年前，东海之滨的长三角地区诞生过一个延续千年的考古学文化——良渚文化。良渚文化是史前社会发展高峰的一个卓越代表，它依托成熟的稻作农业，建立起区域性早期国家，用统一的信仰进行礼制化管理，构建了人类社会辉煌的早期文明。良渚文明最高等级的权力和信仰中心，坐落于今天杭州市北郊的瓶窑镇和良渚街道。在这里，考古工作者经过长期的考古发掘，已揭露出包含宫殿区、城墙、王陵、水坝、祭坛等要素的良渚都城整体结构。而考古发掘出土的大量遗物，反映了良渚先民在生产、生活和礼仪行为等诸多方面的基本面貌。陈列在良渚博物院的丰富良渚遗物有陶器、石器、玉器、木器、漆器、竹器、骨器、牙器、角器等等，它们大抵代表了良渚时期曾经出现过的器物类别。陶器是当时社会各阶层都离不开的日常餐饮器具，破损和更新率较快，因此存世量最大。石器是当时主要的生产工具，既有粗放的农具，也有精巧的木作工具，因为要与使用对象大力碰撞，很多石器已残缺不全。玉器被少数人占有，是当时信仰和礼制的载体，无论造型还是纹饰都不计成本，代表了良渚社会最尖端的工艺技术。木器主要有工具和容器两类，也是日常生活中常用的器具，包括相当数量的石器需要安装木柄才能发挥作用。漆器的工艺较为复杂，大部分是专门为仪式场合设计的产品。竹器和骨角牙器较为少见，用途相对固定，只在特定场合中使用。总体而言，良渚文化最常见的生产、生活用具主要是陶器、石器和木器，玉器和为数不多的象牙器属于奢侈品，几乎没有实用功能，主要以象征物的形式用于区分社会成员的身份等级。而漆器虽然有实用功能，却基本用于礼仪场合，和部分精品陶器一样，是一种仪式道具，类似商周时期的青铜器，在敬神祭祖时作为供器或祭器，庆典或喜事场合也可能用到，可谓良渚礼制文明的参与者。显然，作为普及性实用器的木器和仪式场合使用的漆器，分别扮演了不同的角色。因此，尽管漆木器发现很少，但在当时绝非可有可无的器类。

已经发现的漆木器告诉我们，当时的日常生产和生活中，其应用十分广泛和普遍，尤其是木器，几乎所有领域都可以见到它的身影。相对而言，漆器属于小众产品，具有特定的使用情景，可以说是专为礼仪活动设计的一类高端产品。由于木材资源十分丰富，木器制作难度也不大，木器的加工对良渚先民来说可谓轻车熟路。相对较难的是漆器制作，一方面漆器以容器居多，坯体的制作难度较大；另一方面，漆的调制、涂刷和绘纹也是一门技术活，需要日积月累、代代相传。

如果追溯一下历史，距今七千年前后的河姆渡文化与马家浜文化都有复杂的木构件，木作技术已很成熟。到良渚文化时期，除了出现体量惊人的大型复杂木构件，木质日用产品也出现了新风尚，技术有了进一步提高。而漆器的源头也在浙江，从井头山到跨湖桥再到河姆渡遗址，一直有使用漆器的传统。马家浜文化也有少量漆器发现，崧泽晚期至良渚早期一度流行陶胎漆器。良渚文化时期，木胎漆器重新成为主流，并在器物造型、修胎、刷漆、彩绘等各方面都有了质的飞跃，漆器制作迎来了史前时代的高峰。

良渚时期漆木器最丰富的地区就在良渚古城地区，这与当时的政治、经济和文化中心高度匹配，也说明漆木器中有相当部分是高档定制用品，其中有部分明显具有礼制色彩。历年来在少数埋藏环境较好的遗址，比如余杭卞家山、钟家港等遗址的淤积层内，南湖等古河道的沙土中，就发现了一些保存较好的良渚文化漆木器。这些木质遗存有的形状可以还原，有的漆膜鲜艳如初，有的胎体仍很硬实，有的属于宫庙建筑的大型构件。此外，在保存条件较好的墓坑中，偶尔也能发现棺木甚至朱漆痕迹。当我们把这些资料作一个梳理，会惊奇地发现，良渚时期的漆木器其实颇为丰富，很让人惊艳。

目前所见的良渚漆木器大多出土于湿软的黏土或淤泥中，这类土壤酸性相对较弱，且往往在潜水面以下，常年处于饱水的缺氧环境，故不容易腐烂（图 1—图 3）。漆木器行业有一句行话，叫“干千年，湿万年，不干不湿就半年”，如果埋藏环境时干时湿，有机质遗存就很难保存。而像余杭南湖古河道里的沙土沉积，因为沙土深厚、常年湿润，就是有机质遗存可能保存的良好埋藏环境（图 4、图 5）。在这片沙土里面，已陆续出土了 20 多件保存较好的漆木器。

图 1　卞家山漆觚出土状况

图 2　卞家山漆豆出土状况

图 3　钟家港漆杯出土状况

图 4 南湖古河道沙层

图 5 南湖沙土中的成排木桩

科学研究表明，良渚文化时期雨水充沛，森林茂密，林木资源十分丰富，木材的应用涉及生活的各个方面。天然大漆在良渚时期已被采集和使用，利用其耐磨、耐热、耐腐蚀、美观等特性，广泛涂饰于器皿、工具、构件或葬具上，一方面可以有效保护这些器具，增强其耐用性和使用寿命，另一方面也美化了这些器具。有些漆器上还描绘精美的花纹，甚至镶嵌玉片或玉粒，极其华丽和高贵。很显然，这些漆器并非日常用品，而是仪式场合使用的礼器。它与玉器、象牙器和满工刻纹黑陶等，共同编织出丰富立体的良渚仪式景观。

因为发现不多，保存大多不佳，有些资料未曾公布，所以良渚漆木器的研究还鲜有人介入。本书以卞家山和钟家港遗址的漆木器为主干，试图对已知的良渚漆木器作一个系统梳理，从而客观反映良渚漆木器的真实状况和工艺水平。

第一章

良渚木质遗存概述

一、良渚木质遗存的发现

长江下游的环太湖流域也即长三角地区，是一个相对独立的地理单元，自古就形成了一个基本统一的文化传统。这一地区目前所知最早的考古学文化是马家浜文化（距今7000—6000年），随后经由崧泽文化（距今6000—5300年）发展至良渚文化（距今5300—4300年）。从文化上说，马家浜文化至良渚文化是逐渐走向高峰的过程。就漆木器而言，马家浜文化发现了较多木器和少量漆器；但崧泽文化很奇怪，木器和木胎漆器几乎没有发现，只在崧泽晚期至良渚早期出现了少量豆、杯、壶等带彩绘的陶胎漆器；良渚文化时期，木器的使用范围更广，漆器则达到了史前时代的最高峰。因此，漆木器从马家浜文化至良渚文化并非单线发展，尤其是良渚漆器，它是社会文明化进程中的产物，是专为礼仪制度服务的。

马家浜文化的木质遗存只见于有限的几个遗址，可以桐乡罗家角遗址和常州圩墩遗址为代表。罗家角遗址发现于1956年，1979年底进行发掘，揭露面积1338平方米，出土的木质遗存以木构件为主，其榫卯结构的造型与河姆渡遗址十分相似[1]（图1-1）。常州圩墩遗址的木器数量较多，类型丰富，主要属于生产工具和生活用具，器型有橹、桨、镞、耒、插销、陀螺形器（含两头尖锥状）等，总数达100多件，另有一件半圆筒形的黑色漆器[2]（图1-2）。此外，长兴江家山遗

[1] 罗家角考古队：《桐乡县罗家角遗址发掘报告》，见《浙江省文物考古研究所学刊》，文物出版社，1981年。

[2] 常州市博物馆：《1985年江苏常州圩墩遗址的发掘》，《考古学报》2001年第1期，第73—110页；嘉兴市文物局：《马家浜文化》，浙江摄影出版社，2004年，第147页。

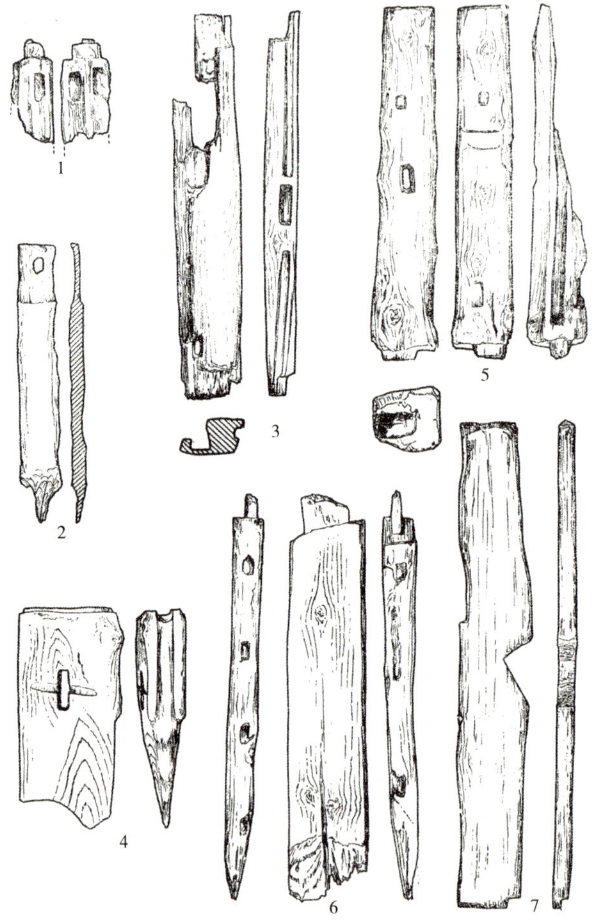

1.转角柱（T102：g1）　2.带销钉孔的榫（T102：g6）　3.带企口木构件（T103：g1）　4.带企口木构件（T111：g1）　5.带凸榫柱头（T101：g2）　6.栏杆横梁（T101：g1）　7.锯缺形木板（T102：g4）

图 1-1　罗家角木器

址的 G3、G4 属于马家浜文化晚期阶段遗存，出土遗物较丰富，其中包括完整的木耜、木质锛柄等木器以及大型的木构件[1]（图 1-3）。崧泽文化时期的漆木器十分罕见，只有少量带彩绘的陶胎漆器被发现，如桐乡普安桥、海盐王坟、海盐仙坛庙等遗址均有髹漆的彩绘陶豆、陶壶、陶杯发现；上海福泉山遗址出土一件黑皮陶豆，豆把上涂有灰白色底漆和褐红色带纹漆绘[2]；2019—2020 年，常州寺墩遗址再次发掘，在一座崧泽文化水井内出土六件彩陶，其中一件绘有精美的编织纹朱漆彩绘[3]（图 1-4）；不过，刷漆陶器和漆绘陶器并非主流的漆器，甚至不是严格意义上的漆器。

[1] 楼航：《长兴江家山新石器时代遗址——独特地理位置的西苕溪流域史前文化》，见《浙江考古新纪元》，科学出版社，2009 年，第 64—67 页；楼航：《长兴县江家山遗址发掘取得重要收获》，见《浙江文物年鉴·2005》，第 150—152 页；楼航、梁奕建：《长兴江家山遗址发掘的主要收获》，见《浙江省文物考古研究所学刊》第八辑，科学出版社，2006 年，第 587—599 页。

[2] 上海市文物管理委员会：《青浦福泉山遗址崧泽文化遗存》，《考古学报》1990 年第 3 期，第 307—338 页。

[3] 江苏省考古学会：《江苏六项重要考古发现带您探赜江南文脉》，《江苏考古》2021 年 1 月 31 日。

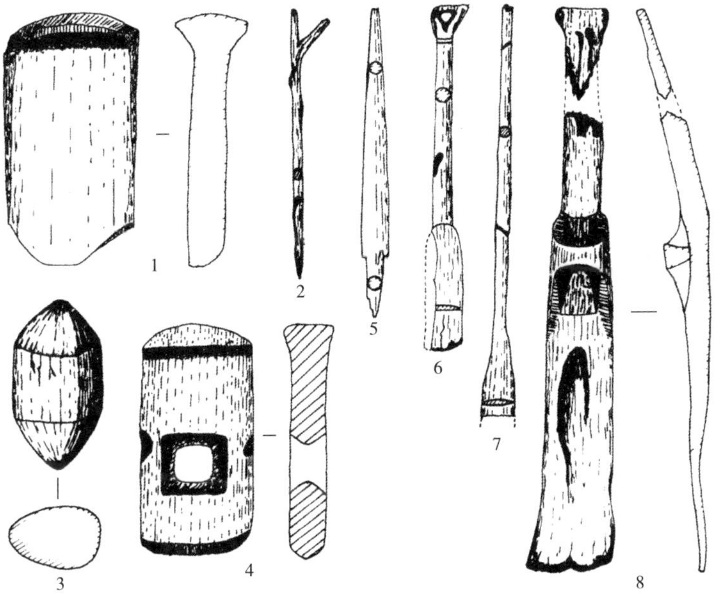

1.B 型插销（T8503⑤：64）　2. 耒（T8503⑤：62）　3. 陀螺形器（T8503⑤：65）　4.A 型插销（T8503⑤：63）　5. 镞（T8502⑤：50）　6. 桨（T8502⑤：53）　7. 桨（T8503⑤：61）　8. 橹（T8504⑤：107）

图 1–2–1　圩墩马家浜文化木器

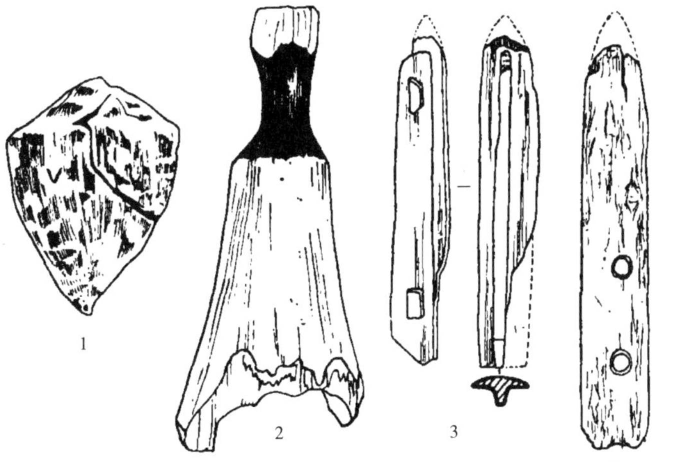

1. 陀螺形木器　2. 喇叭形木器　3. 泥抹子形木器　4. 矛形竹器

图 1–2–2　圩墩马家浜文化竹木器

1. 木耜

2. 木耜背面局部

3. 木质锛柄

图 1–3　江家山木器

1—4. 仙坛庙　5. 普安桥　6. 寺墩
7. 王坟　8. 澄湖

图 1-4　崧泽晚期—良渚早期陶胎漆器

良渚文化的漆木器，总量上比崧泽文化和马家浜文化要多得多，也反映了良渚时期木作业和髹漆业有了突飞猛进的发展。但因为是有机材质且掩埋地下数千年，跟同时代其他无机质器类相比，发现和出土的总量要少得多，大多数遗址只是零星发现，仅有少数保存环境优越的遗址能成批发现漆木器。

良渚漆木器最早发现于20世纪50年代，主要地点为吴兴钱山漾和杭州水田畈，出土物多为木器，类别主要为生产工具。1956年和1958年，吴兴钱山漾遗址经过两次发掘，出土大量有机质文物，除了丝麻织品和竹编物，也包括一些木器。保存较好的木器有桨、千篰、杵、槽等[1]（图1–5）。1958—1959年，杭州水田畈遗址先后进行了两次小规模发掘，一条灰沟内出土了一批保存较好的木器，器型有杵、桨、榔头、盆、陀螺、梳等[2]（图1–6）。

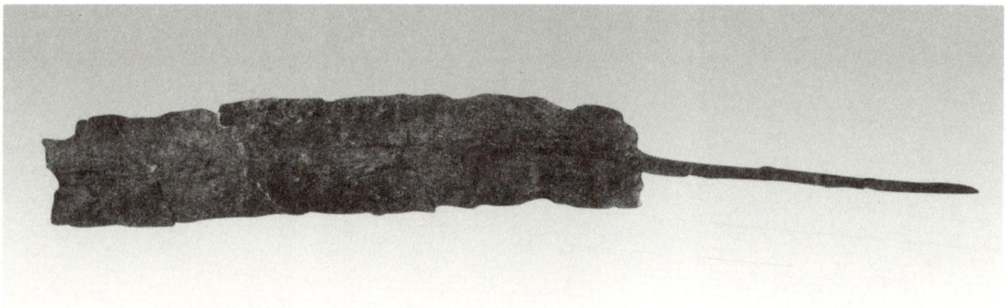

1. 木桨

2. 木杵

图1–5　钱山漾木器

［1］浙江省文物管理委员会:《吴兴钱山漾遗址第一、二次发掘报告》,《考古学报》1960年第2期，第73—91页。

［2］浙江省文物管理委员会:《杭州水田畈遗址发掘报告》,《考古学报》1960年第2期，第93—106页。

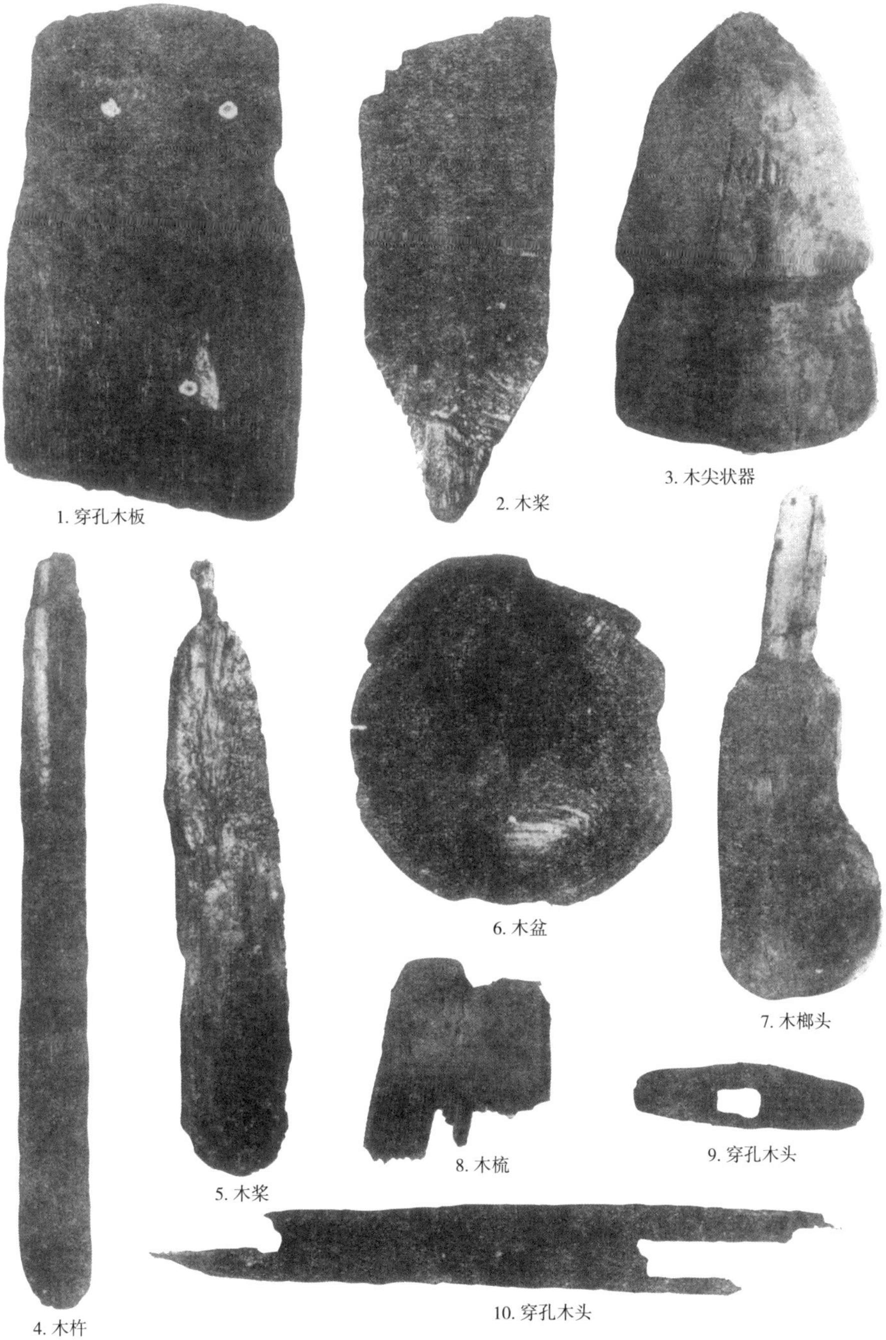

图 1–6　水田畈木器

20世纪60年代，因“文化大革命”的干扰，考古工作基本停滞。70年代，考古工作逐渐恢复，一些良渚葬具、窖穴、水井的木质井壁被陆续发现。

1973年5至7月，嘉兴双桥遗址发掘160平方米，清理良渚文化墓葬3座、窖穴1个。其中M3葬具系由整段原木加工成的凹槽式棺，棺木朽烂殆尽，但木痕纹路“相当清晰”[1]。

1975年冬和1976年初，湖州花城遗址发现和清理了一座较完整的木构窖穴。窖穴用八块木板围成，口部呈不规则的椭圆形，木窖内壁中段用五根短横木撑成五角形，顶住木板起支撑作用，窖底用三块木板铺成。窖内堆叠着35件陶器，大部保存完好，器型以罐、壶为主，另有双鼻壶、贯耳壶、尊和鼎[2]。

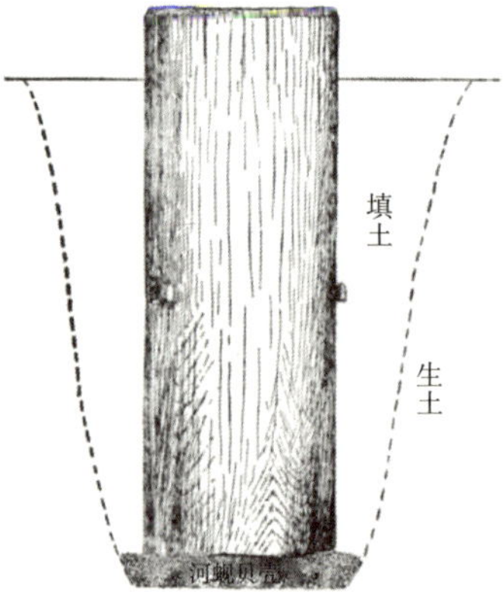

图1–7　嘉善木筒水井复原图

1982年4月，嘉兴地区文物普查队在嘉善县大舜公社新港大队清理出一口古代木筒水井。井壁为一木筒，系用一截圆木剖为两半，挖空后拼合，再用长榫予以固定。井内充满灰黑色淤土，含少量良渚晚期陶片。井底垫一层河蚬贝壳，能起过滤、净化水质的作用[3]（图1–7）。

1986年初，德清辉山清理两座良渚墓，墓坑内均发现两层木板，随葬品出于两层木板之间，两层木板应分别为葬具顶板和底板。其中M2墓坑北部还有横向挡板，下层木板略呈圆弧状，由独木刳凿而成[4]。

良渚文化外围的影响区域也有成批的木器发现。1988年，宁波市江北区慈城镇慈湖遗址发掘中，出土大量木器。上文化层为良渚文化钱塘江南岸类型，发现的木器有屐、桨、锛柄、钻头、构件等（图1–8–1）。下文化层为河姆渡遗址第三、

[1] 浙江省文物考古研究所：《嘉兴双桥遗址发掘简报》，见《浙江省文物考古研究所学刊》，科学出版社，1993年。

[2] 隋全田：《湖州花城发现的良渚文化木构窖藏》，见《浙江省文物考古所学刊》，文物出版社，1981年，第203—207页。

[3] 陆耀华、朱瑞明：《浙江嘉善新港发现良渚文化木筒水井》，《文物》1984年第2期。

[4] 芮国耀：《德清县辉山良渚文化墓葬》，见《中国考古学年鉴·1987》，文物出版社，1988年，第153页；浙江省文物考古研究所：《浙江北部地区良渚文化墓葬的发掘（1978—1986）》，见《浙江省文物考古研究所学刊》，科学出版社，1993年，第85—103页。

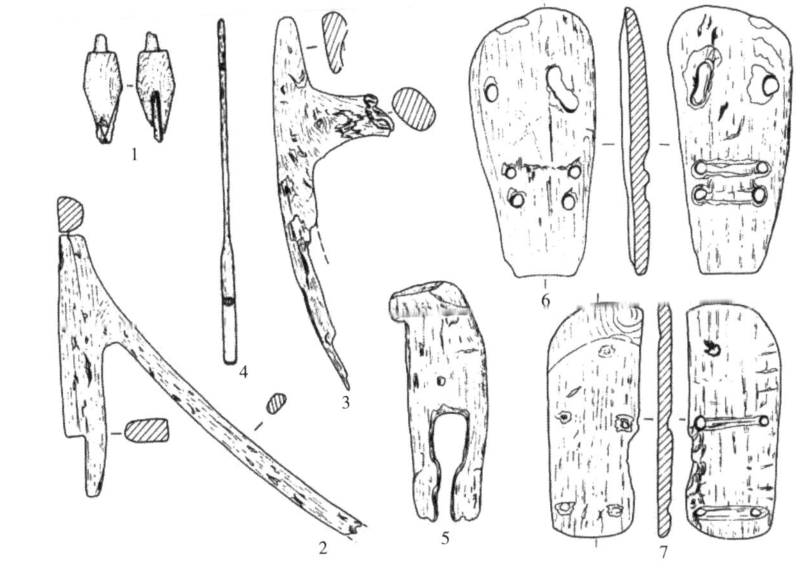

1. 木钻头（T304 上：4） 2、3. 木锛柄（T304 上：1、T403 上：1） 4. 木桨（T202 上：1） 5. 木构件（T202 上：6） 6、7. 木屐（T302 上：1、T503 上：1）

图 1-8-1　慈湖上层木器

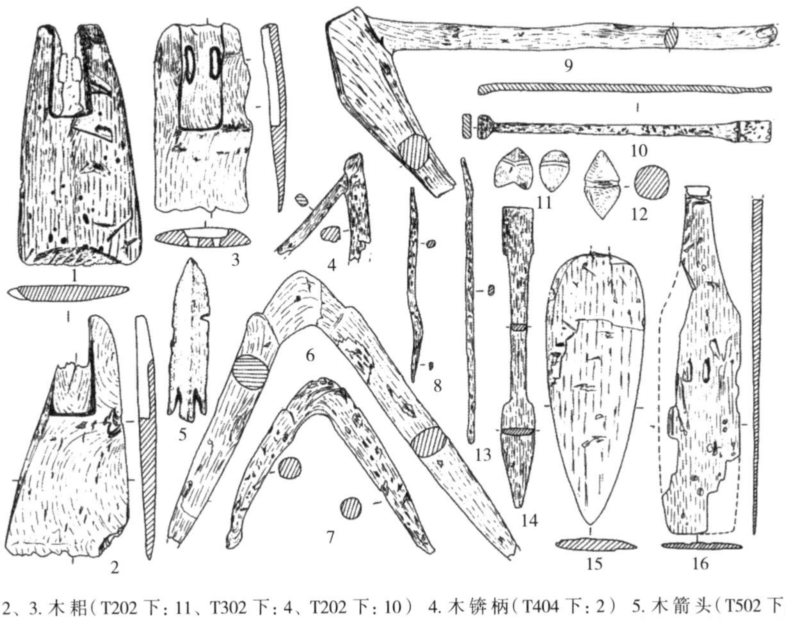

1、2、3. 木耜（T202 下：11、T302 下：4、T202 下：10） 4. 木锛柄（T404 下：2） 5. 木箭头（T502 下：1） 6、7. 木轭（T302 下：5、T201 下：30） 8、13. 点种棒（T402 下：6、T502 下：8） 9. 木锄（锤）（T502 下：2） 10、14、15、16. 木桨（T502 下：4、3，T404 下：3，T2 下：17） 11、12. 木陀螺（T502 下：5、T201 上：31）

图 1-8-2　慈湖下层木器

四文化层，发现的木器更多，器型有耜、锛柄、锤、桨、轭形器、陀螺、镞等[1]（图1-8-2）。慈湖遗址位于河姆渡文化分布区，木器传统十分深厚，良渚文化阶段出现较多木器也就不觉得意外了。

不过发现良渚漆木器最丰富的是余杭地区，从1986年反山发掘开始，陆续有漆木器发现。

1986年发掘的反山贵族墓地发现多件漆器，但因胎体朽烂，仅存朱漆残迹，故器物形态难以判定，主要有M12的嵌玉漆杯和圆盘形漆器。嵌玉漆杯的杯身镶嵌了100多颗大小不一的玉粒，玉粒周围还以朱漆描绘了螺旋纹或同心圆式的卷云纹，整体表现了一幅星云密布的浩瀚宇宙图景。圆盘形漆器则在中心镶嵌了一块硕大的圆形玉片，加上微微隆起的朱漆圆边，犹如一个太阳，考古报告称其为"太阳盘"。M22和M23分别出土了两件带玉塞的囊形漆器，一件呈鼻烟壶形，一件呈干瘪的气球形。M22还出土一件觚形漆杯，底部侧边有一件玉镯，发掘报告认为玉镯嵌于底部，从叠压关系来看两者似乎没有关系[2]。

1987年，瑶山贵族墓地也发现多件漆器痕迹，其中M9发现的嵌玉高柄漆杯，后来被判定为嵌玉漆觚[3]。

1990年下半年，良渚庙前遗址进行第二次发掘，揭露面积515平方米，共清理良渚时期墓葬26座，窖穴2座。部分墓葬能剥剔出木质葬具，其中M25清理出一具保存完整的独木棺。独木棺盖板呈凸弧状，截面呈凹弧形，显示中部已塌陷；一端存有挡板，西外侧有五根小木桩支撑。此外还发现一处木构窖穴H2，推测原为古井，废弃后作窖穴之用。H2木构平面呈"井"字形，由长130厘米的扁方木，采用"双缺"和"宽槽结合"的榫卯结合工艺叠合而成，井架残高130厘米。窖内共出土陶、石、木器58件，包括1件木胎双色残漆盘，器表以红底黑线勾绘了折角的几何图案。此外还出土了陀螺、船形盘、木胎漆盘、豆、榔头等众多木器[4]。

[1] 浙江省文物考古研究所、宁波市文物考古研究所：《宁波慈湖遗址发掘简报》，见《浙江省文物考古研究所学刊》，科学出版社，1993年，第104—118页。

[2] 浙江省文物考古研究所：《反山》，文物出版社，2005年。

[3] 浙江省文物考古研究所：《瑶山》，文物出版社，2003年。

[4] 丁品：《余杭县庙前良渚文化遗址》，见《中国考古学年鉴·1991》，文物出版社，1992年，第183—184页；丁品：《余杭良渚庙前遗址发掘的主要收获》，见《浙江省文物考古研究所学刊》，科学出版社，1993年，第124—127页；浙江省文物考古研究所：《庙前》，文物出版社，2005年。

1999 年底，庙前遗址进行第五次发掘，再次发现“井”字形木构水井 1 座（J1），结构与 H2 木构窖穴完全一致，只是扁方木规格比 H2 还要大，长达 160 厘米，保存深度也有近 200 厘米。J1 底部淤泥中出土了鼎、罐、豆、壶、盉等陶器[1]。

2003—2005 年，余杭卞家山遗址经过三次发掘，在临水的淤积层里出土了 30 件编号漆器，可辨器型有觚、豆、盘、筒形器等多种。其中漆觚的个体有 8 个，足以证明良渚文化存在漆觚，而且是最主要的一类漆器。一件漆觚残片上绘有装饰图案，一件椭圆形残器盖上也描绘了变形鸟纹图案。此外还发现大量木器，包括桨、锸、锹、槌、屐、勺、箕、器盖、大木墩、方孔梭形器、球、陀螺以及木构件等，木陀螺的数量最多[2]。

2004 年，良渚横圩里遗址清理 26 座良渚文化墓葬，多座墓葬发现木质葬具痕迹，其中 M21 的凹弧棺木质纹理十分清晰，并且解剖后可以看到鲜艳的木质纤维。还有几座墓内发现有漆器残迹，可惜形状无法辨别，其中 M23 有黑底红彩的彩绘图案（图 1–9）。

图 1–9　横圩里 M23 彩绘漆器

[1] 浙江省文物考古研究所：《浙江良渚庙前遗址第五、六次发掘简报》，《文物》2001 年第 12 期，第 20—29 页。

[2] 赵晔：《探秘卞家山》，见《东方博物》第二十四辑，浙江大学出版社，2007 年，第 38—45 页；浙江省文物考古研究所：《卞家山》，文物出版社，2014 年。

2006 年，安溪后杨村 M4 贵族墓发现一件朱漆圆盘，里面收纳了目前唯一的一件斜边玉璧[1]。

2006 年余杭南湖古河道沙土中出土一批木器，包括带柄石锛、木杯、木臼、髹漆木柄、木剑、木棒槌、木陀螺、木构件等，还出土了一把完整的髹漆木剑，制作十分精湛[2]。

2015—2018 年，钟家港南段和中段发现大量漆木器。中段的木质遗存十分丰富，可分五个阶段：第一阶段发现几根木构件，其中一根长达 9.5 米，凿有 39 个卯孔；另有一根长 17 米的方木，北端与中部各有一凸出的扁环形穿孔，南端有两个牛鼻形穿孔，北端穿孔处留有藤条编的绳索（图 1-10）。第二阶段出土较多漆木器，器

图 1-10　钟家港大木料

[1] 王宁远：《良渚遗址群后杨村遗址》，见《浙江考古新纪元》，科学出版社，2009 年，第 131、132 页。

[2] 赵晔：《余杭南湖的文化底蕴》，见《东方博物》第二十五辑，浙江大学出版社，2007 年，第 20—29 页；中国江南水乡文化博物馆：《考古余杭——新石器时代》，西泠印社出版社，第 140—143 页。

型有木锸、彩绘漆盘、朱漆方形镂孔木盒、漆觚、黑漆杯、木盘、木陀螺、锥形木器等。第三阶段发现四根木构件，其中一根下圆上方，状如旗杆。第四阶段发现一鸟首形漆器，通体以勾线填彩的方式描绘了复杂的装饰图案[1]；此外还发现一件盆形木器，又似舟船模型。钟家港南段则发现了木陀螺、独木梯、木构件等木质遗存[2]。

2018年石前圩遗址再次发掘，出土两件高仿真的木祖，大小尺寸接近真人，推测是实用的成人娱具。在5000年前，这是很特别的考古发现。

良渚遗址群外围地区发现的漆木器多为葬具痕迹、髹漆钺柄、漆觚、漆盒等。

1997年，遂昌县三仁畲族自治乡揭露好川墓地，发现漆器残痕26处，有几处可辨器型为漆觚，另有少量棍状器[3]。

1997年，海盐龙潭港发现良渚文化墓地，20座墓葬以浅沟将大墓和小墓分割成东西两区，西边的7座大墓内有清楚的带红色漆皮的棺椁之类葬具痕迹，M12北端还出土一件镶嵌玉饰片的扁方体红漆木盒[4]。

2003—2004年，平湖庄桥坟遗址清理出236座良渚墓葬，报道称随葬品中发现一木篦子[5]。经问询，此物为梳齿较密的单边齿，应该还是梳子。

2008年，余杭灯笼山遗址进行考古发掘，随葬品较多的M11出土了一件保存较为完整的漆柄石钺。漆柄石钺位于墓主人胸腹部，南北向放置，木质已朽，但从保存的朱红漆仍可清楚看出原来漆柄的形状，漆柄长约70厘米[6]。

---

[1] 浙江省文物考古研究所:《杭州市余杭区良渚古城钟家港中段发掘简报》,《考古》2021年第6期，第15—34页；浙江省文物考古研究所:《良渚王国》，文物出版社，2019年，第144—148页。

[2] 浙江省文物考古研究所:《杭州市余杭区良渚古城钟家港南段2016年发掘简报》,《考古》2023年第1期，第21—39页。

[3] 浙江省文物考古研究所、遂昌县文物管理委员会:《好川墓地》，文物出版社，2001年。

[4] 孙国平、李林、沈明生:《海盐发现新型良渚文化墓地》,《中国文物报》1998年6月14日第1版；孙国平:《海盐龙潭港良渚文化墓地》，见《崧泽·良渚文化在嘉兴》，浙江摄影出版社，2005年，第165—172页。

[5] 徐新民:《平湖庄桥坟——良渚墓葬数量发现最多的遗址》，见《浙江考古新纪元》，科学出版社，2009年，第95—99页。

[6] 丁品:《余杭灯笼山遗址——临平山北部良渚重要聚落已露端倪》，见《浙江考古新纪元》，科学出版社，2009年，第109—111页。

2009—2011 年，海宁小兜里遗址清理了 55 座崧泽晚期—良渚文化的墓葬，其中 M7 发现安柄朱绘石钺，木柄朱痕长约 57 厘米，石钺孔周的正背面也保留有朱绘。M8 也有一件朱痕安柄石钺，残长约 42 厘米[1]。

2011—2012 年，桐庐小青龙遗址发现 44 座良渚墓葬，共出土漆器十件。可辨器型大多为漆觚，共有五个个体，另有髹漆的玉钺柲、箙、带状器等。墓地内还出土了十件玉钺，其中 M10 玉钺保存较好，钺柄两端都有髹漆的黑彩图案[2]。

2018 年，江山市峡口镇合新村发现山崖尾遗址，清理好川文化墓葬 59 座，出土漆器共六件。这批漆器保存均较差，其中三件可辨为觚，另三件器型不明[3]。

相比之下，江苏、上海境内出土的良渚文化漆木器比较稀少。

1955 年春，吴江团结村遗址发现一件漆绘彩陶杯，与梅堰出土的完全相同。1959 年冬，江苏吴江县梅堰遗址也发现两件彩陶，其中一件为漆绘彩陶[4]。

20 世纪 70 年代，溧阳杨庄乡宋庄村洋渚古沙河道出土一批木柄石斧、带木柄石锛、木桨等木质文物，锛柄测年为 4433 ± 110 年，树轮校正年代为 4950 ± 145 年，属良渚文化中期[5]。

1982—1987 年，上海青浦福泉山遗址发现多座良渚文化贵族墓葬，其中 M60 为一长方形土坑的双人合葬墓，墓坑内有两具南北向的木质葬具痕迹，木板条纹清晰，并有朱红色彩块。M139 是一座良渚文化的人殉墓葬，长方形的浅坑墓内有两块以凸凹弧形木板合成的葬具，木质痕迹仍十分清晰。福泉山采集的一件折腹高颈陶壶，绘红色带状组合纹，经鉴定其涂料是生漆[6]。

---

[1] 浙江省文物考古研究所、浙江海宁市博物馆:《2009 年海宁小兜里遗址良渚墓葬的发掘收获》,《南方文物》2010 年第 2 期，第 38—48 页。

[2] 浙江省文物考古研究所、桐庐博物馆:《浙江桐庐小青龙新石器时代遗址发掘简报》,《文物》2013 年第 11 期，第 4—15 页；浙江省文物考古研究所:《浙江桐庐小青龙遗址考古发掘收获》,《中国文物报》2013 年 5 月 10 日第 8 版；浙江省文物考古研究所、桐庐博物馆:《小青龙》，文物出版社，2017 年。

[3] 山崖尾漆器信息由发掘者仲召兵提供。

[4] 江苏省文物工作队:《江苏吴江梅堰新石器时代遗址》,《考古》1963 年第 6 期，第 308—318 页。

[5] 汪青青:《溧阳出土的良渚文化玉器珍品——神人兽面鸟纹圭》，见《东方文明之光——良渚文化发现 60 周年纪念文集(1936—1996)》，海南国际新闻出版中心，第 67、68 页。

[6] 上海市文物管理委员会:《福泉山》，文物出版社，2000 年。

1987年底和1988年底，吴江龙南遗址先后进行两次发掘，揭露面积近800平方米，发现一处良渚文化时期的古村落。村落以河道为中轴线，两岸分布着14座房址，建筑形式有半地穴、平地起筑和干栏式，房址附近还有多个水井，并发现墓葬17座。河道北岸保存着为防止河水泛滥所筑的防护堤坝，河道南边设有以木板和木桩构成的"河埠头"。木构埠头（俗称河滩头）主体为一长木板，前部搁在两根木桩上，后半部也以两根木桩支撑，搁在坡岸上的一小部分木板可能已朽断。木板左侧还竖有一根长木桩，可能为扶手的残部。右侧前部放有一砺石，表面经使用已内凹[1]（图1-11）。

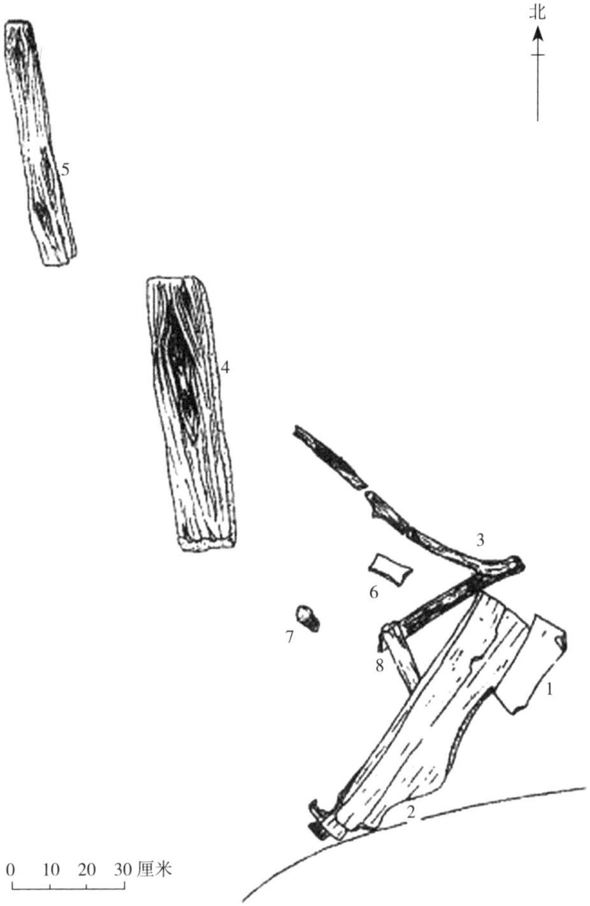

1. 砺石　2、4、5. 木板　3、7、8. 木桩　6. 陶片

图1-11　龙南河埠头

1990年初，上海市金山县亭林遗址揭露330平方米，清理良渚文化墓葬5座，其中4座墓底发现有薄薄的木板葬具[2]。

1999—2000年，江阴高城墩遗址进行抢救性发掘，揭露面积1157平方米，清

[1] 苏州博物馆、吴江县文物管理委员会:《江苏吴江龙南新石器时代村落遗址第一、二次发掘简报》,《文物》1990年第7期，第1—27页。

[2] 王正书、孙维昌:《上海市金山县亭林新石器时代遗址》，见《中国考古学年鉴·1991》，文物出版社，1992年，第166页。

理良渚文化大中型墓葬 14 座。此墓地已普遍使用棺椁，比较明确的有 M3、M5—M8、M10—M13 等。该墓地的葬具，一般先在墓底置放两根东西向的垫木，然后放入独木棺。独木棺底部呈弧形，两帮和两端的内部向外凹弧。棺内安置死者及玉石器。棺上有盖，盖上涂朱。棺放好后用无底的箱式木椁罩住，当椁板盖上后，墓坑内填土形成熟土二层台。位于墓地中心的 M13 规格最高，因为墓坑特别巨大，葬具结构也较特殊：椁室内有四边木框的椁箱，上面横置五块东西向椁顶盖板。椁室底部用四根粗大的圆木以榫卯结构组成长方形木框，其中东西两根竖圆木插入南北端两根横圆木中。圆木方框上覆盖厚厚的东西向底板。椁箱底部用圆木作方框，在外固定于底板之上。死者和随葬品直接放在木椁底板之上[1]。

1998—2003 年，昆山绰墩遗址经过五次发掘，共计揭露面积 2673 平方米，发现马家浜、崧泽、良渚、马桥及历史时期大量遗迹。良渚文化的古河道边发现有漆木器，包括漆木杯、带牛鼻孔的摆渡船等[2]。

2001 年，苏州东郊工业园区的独墅湖发现 379 口古井，其中良渚文化古井 82 口，有两口带木圈井，分别为 J82、J83。J82 木圈井的木圈内外径分别为 110 厘米和 130 厘米，深 280 厘米；木圈放好后，再将木圈与土坑之间用土填实，外坑直径 190 厘米。J83 在木圈底部有一根条木横穿井中，条木底部距井底还有 30 厘米，不知何故，井内仅出土数块陶片[3]。

1999—2000 年，上海广富林遗址进行两次发掘，发现良渚文化墓葬 23 座，有的葬具可辨为凹弧形独木棺，内外髹朱漆[4]。

2010 年，上海福泉山遗址吴家场墓地发现 4 座良渚文化晚期的高等级墓葬，其中 M207 墓坑残长 385 厘米、宽 200 厘米、深 90 厘米，棺底长 295 厘米、宽 90 厘米，棺木两侧及底部有明显的弧度，是整木对剖后制作而成的独木棺，棺盖和

[1] 江苏省高城墩联合考古队：《江阴高城墩遗址发掘简报》，《文物》2001 年第 5 期，第 4—21 页。

[2] 苏州博物馆、昆山市文物管理所、昆山市正仪镇政府：《江苏昆山绰墩遗址第一至第五次发掘简报》，《东南文化》2003 年增刊 1，第 1—41 页。

[3] 朱伟峰：《独墅湖遗址发掘报告》，见《苏州文物考古新发现》，古吴轩出版社，2007 年，第 161—284 页。

[4] 上海博物馆考古研究部：《上海松江区广富林遗址 1999—2000 年发掘简报》，《考古》2008 年第 8 期，第 3—21 页。

棺底均发现有红色髹漆痕迹。M211 也有明显的棺木痕迹，局部还可见棺板腐朽后红色漆痕和青泥底板痕迹[1]。

2011—2015 年，江苏兴化蒋庄遗址清理出 284 座良渚文化墓葬，不少墓的葬具保存较好，其中 M158 内凹弧的独木棺保存最好，两头有不到头的挡板，长 238 厘米，宽 90—96 厘米。不过此墓为拾骨二次葬，棺内有墓主及另外一位女子，棺外另有 6 个头骨[2]。M233 的喇叭形朱砂痕，极可能是漆觚。

2023 年，宁波奉化陈王遗址发现 16 座良渚阶段的墓葬，其中有 2 座墓葬墓主的腿脚部位发现了漆觚痕迹[3]。

二、良渚木质遗存的分类

良渚文化漆木器属于木质遗存，虽然可分为木器和漆器两大类，其实早期漆器基本都以木材为胎体，因此可以说是木器的升级品。尽管崧泽晚期至良渚早期有过陶胎漆器，但数量极少，可谓昙花一现。因此，木胎漆器才是史前时期的主流漆器。

木器的种类十分丰富，涉及生活的方方面面，包括建筑构件、井架、舟船、码头、葬具、工具、器皿、武器、玩具等等。漆器因为制作成本较高，产量有限，不可能成为普通日用品，因其具备耐用、美观、庄重的特点，主要用于各种仪式场合。

严格来说，木质遗存可分为固定状态的木构件和可移动的木器和漆器。固定状态的木构件包括建筑、水井、码头等生活设施的木质构件，可移动的漆木器主

[1] 上海博物馆：《上海福泉山遗址吴家场墓地 2010 年发掘简报》，《考古》2010 年第 10 期，第 46—65 页。

[2] 南京博物院：《江苏兴化、东台市蒋庄遗址良渚文化遗存》，《考古》2016 年第 7 期；林留根、甘恢元、闫龙：《跨越长江的良渚文明——江苏省兴化、东台蒋庄遗址发掘取得重大收获》，《中国文物报》2016 年 1 月 19 日。

[3] 2023 年 8 月 16 日，笔者和方向明、刘建安赴陈王遗址考古工地检查验收，获悉这一考古收获信息。

要指可手持或可挪动的木器及漆器。本书涉及所有的木质遗存，但因主要是可移动的木器和漆器，固定状态的木构残件在考古发掘中大多也已成为可移动的部件，故以“漆木器”来泛称。

以下将良渚文化木质遗存分为木器和漆器两个单元。木器单元分生活设施、生产工具、交通工具、日用器皿、武器、娱具、葬具七个部分。其中生活设施包括建筑构件、水井、码头、岸边护坡等。生产工具主要为带柄的工具，如木锸、木槌、石器木柄等。当时的良渚是水乡泽国，交通以水路为主，交通工具多指舟船和木桨，偶见摆渡工具；竹筏虽也是运输工具，但不属于木质遗存。日用器皿种类较多，有木盘、木箕、木杯、木盒等，木屐、木梳也可归入其中。当时的武器大抵为钺、镞、矛，涉及木质遗存的有钺柄和木矛。娱具中陀螺的数量很多，另有少量成人用品。葬具多指棺和椁，按地域、等级、保存环境不同有所差异。漆器单元分三个部分，一为容器，包括漆觚、漆豆、漆盘、漆盆、漆杯、筒形漆器、漆盒等；二为持器，多属钺柄，偶见木胎漆剑；三为葬具，部分高等级贵族的棺木，表面可能涂饰朱漆，甚至有红底黑线的彩绘图案。

第二章

良渚木器

一、生活设施

（一）建筑构件

良渚文化分布于长三角地区的环太湖流域，西枕浙西山地和宜溧山地，东临大海，地势低平，河网密布，是典型的江南水乡环境。依山傍水，沿河而居，饭稻羹鱼——5000 年前，江南水乡的生活方式已基本定型。在这样的背景下，良渚先民习惯于堆土成台、积土成墩，在人造的高地安居乐业。从考古资料分析，良渚时期的居址以地面建筑为主，邻水的岸边也会有吊脚的干栏式建筑。不管是哪种建筑形式，房屋的主体结构一定是木构框架。

良渚人的房子到底呈什么样子？考古发掘中最多只能看到基础部分，比如柱坑、基槽、残墙，整个立面和屋顶根本不可能保存下来。目前所见保存相对较好的房屋遗迹有良渚庙前 F2、昆山绰墩 F11 等。绰墩 F11 为浅地穴式建筑，在生土面上由垫基部分下挖形成浅地穴，低洼部分为居住面，四周隆起处为墙，在墙体上立柱然后盖顶。共发现 16 个柱坑，除 D7 没有存留木柱外，其余均有木柱。根据平面布局和柱坑斜度可推测房屋样式（图 2–1）。房屋内部有睡坑、储存、饮食等遗存，表明活动空间的使用已有相当完善的分隔，非常适合人们饮食起居的日常生活；房屋内外还有较多的灰坑、水井和窖穴等配套生活设施。屋内出土黑皮陶刻纹宽把杯和外红内黑的漆杯，说明房屋的主人不会是良渚社会的普通平民，应该是贵族阶层。

显然，古代房屋建筑只能通过间接材料予以还原。为了展示需要，良渚博物

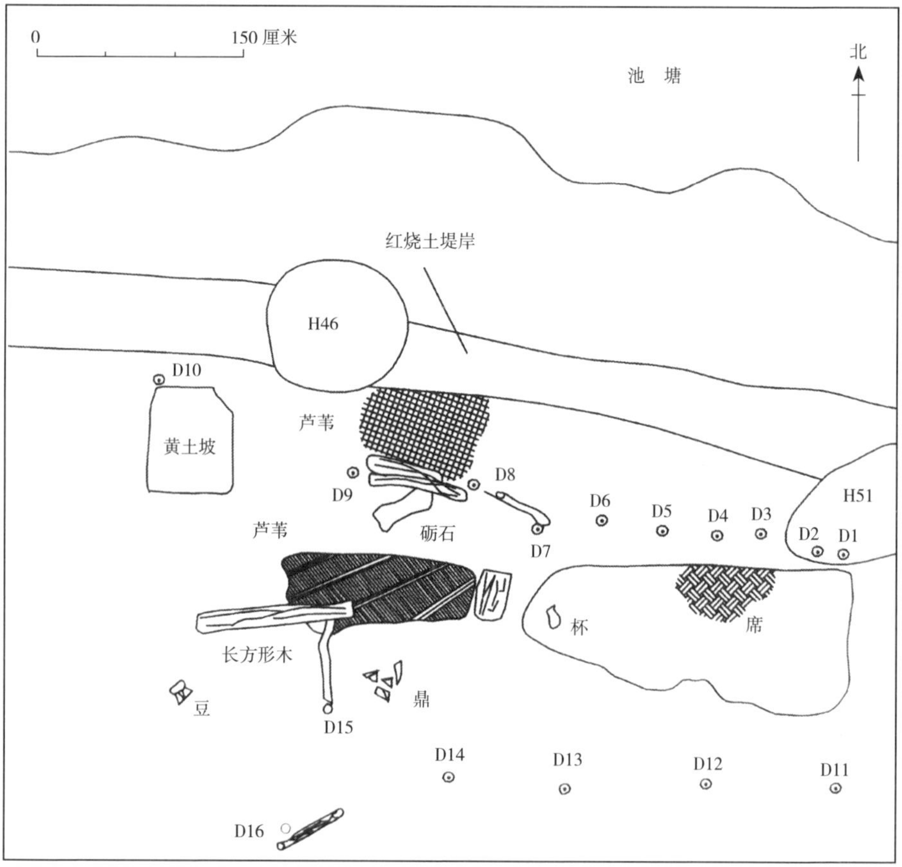

1. 平面图

2. 复原图

图 2-1　绰墩 F11 示意图

院的第一展厅和第二展厅都有良渚贵族居住的房屋复原模型，它们复原的一个重要证据来自卞家山遗址。2003 年卞家山遗址发现一件红陶质房屋模型，确切地说只剩下屋顶部分。这个屋顶呈四面坡形，坡面刻划着茅草之类的纹路，表明屋顶覆盖着茅草；每面都有一个三角形气窗，此外还有屋脊和屋檐（图 2–2–1）。从房屋模型底面观察，宽面有光溜的门道，两侧面有较窄的窗口。可惜墙体已不存，因此不知道屋顶和墙身的比例关系。不过海盐仙坛庙、良渚钟家港以及卞家山遗址，在黑陶片上都发现了屋顶或整个房屋的简笔刻画图案，比如仙坛庙器盖上的房屋刻符，四面坡式的屋顶高耸，屋面低矮，基础为干栏式（图 2–2–2）。参照这些图案，

1. 卞家山房屋模型

2. 仙坛庙房屋形刻符

3. 卞家山木骨泥墙

4. 钟家港白灰泥墙转角

图 2–2　建筑类相关标本

良渚时期房屋的屋顶应该较陡，而墙体相对较矮，即有一部分被屋檐遮盖。屋顶气窗的设置除了通风，可能也考虑到了采光的需要。

除了屋顶模型，卞家山港湾式灰沟西部，还出土了一块带转角的木骨泥墙残块，墙体厚度约 15 厘米，里面有五根直径约 3 厘米的细木棍，转角处还露出横向垂直和纵向垂直的细木棍各一根，直径也是 3 厘米（图 2–2–3）。这个标本为复原良渚建筑的墙体结构提供了重要证据，即良渚时期的墙体是有木骨支撑的，相当于现代混凝土建筑中的钢筋。类似的墙块在钟家港也有发现，那里发现的墙块甚至保存着光洁的白灰面，表明墙体表面是经过压平和刷白工序的（图 2–2–4）。

古代房屋的墙体一般不作承重，房屋承重主要靠立柱和举架。但原址的考古资料并不多，庙前 98F1 算是保存最好的，整个房址呈长方形，面阔 10 米，进深 8 米，一面为较密的单排柱，另三面都设双排柱，共有柱坑 26 个。柱坑底部铺垫木板，个别柱坑的垫木上还保存着残存的立柱。木柱因为多用于地势稍高的居址内，或被拔取再利用，或已朽烂，发现不多。尽管如此，庙前 98F1 的 6 号、13 号和 23 号柱坑内都发现了残留的柱子，且均为平底圆柱形，直径 17—27 厘米，残高 25—48 厘米[1]（图 2–3–1）；而柱坑多为长方形，坑底铺垫有木板，一般为 2—3 块，多则 5—7 块，显然它们是立柱的垫木（图 2–3–2）。在良渚金霸坟遗址和横圩里遗址，也发现了垫木立桩的遗迹。图 2–3–3 是横圩里 F1 的 1 号柱坑，平面呈圆角长方形，底部铺东西向两块木板，中部的圆柱已成腐泥，直径约 30 厘米，残长 40 厘米[2]。在莫角山大型礼制性建筑中，我们还看到了更大的柱坑，从坑内细软的腐泥判断，最大的柱径可达 60 厘米[3]。除此之外，桐乡普安桥、海盐仙坛庙等遗址，则保存了较规则的房屋基槽，单元和结构十分清晰（图 2–4）。在江苏苏州龙南遗址，还发现了半地穴式房址，比如呈东西向长方形的 88F1，浅穴两侧有 42 个柱洞，南、北两排柱洞基本等角度相向倾斜，倾角在 50—55 度之间，出口在西南角（图 2–5）。

大多数遗址跟房屋相关的遗迹都只有零星发现，但是跟房屋相关的木构件有的保存很好，尤其在良渚古城地区，因为是宫殿区所在，大型建筑众多，遗址中残

---

[1][2] 浙江省文物考古研究所:《庙前》，文物出版社，2005 年。

[3] 浙江省文物考古研究所:《余杭莫角山遗址 1992—1993 年的发掘》，《文物》2001 年第 12 期，第 4—19 页。

1. 庙前 F1 柱坑

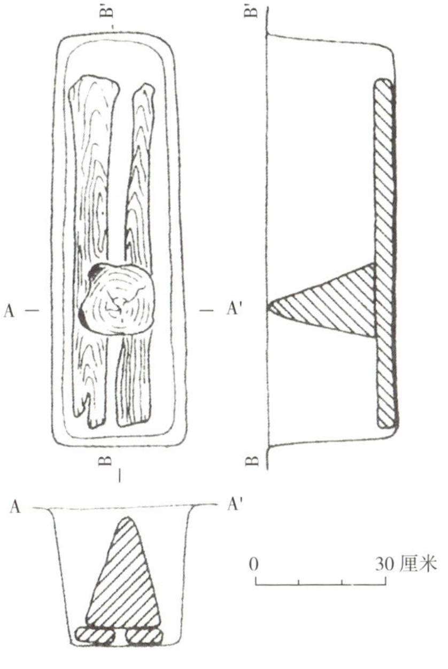

2. 庙前 F1Z13 平剖面图

3. 横圩里 F1 柱坑

图 2-3　庙前 F1 及横圩里柱坑

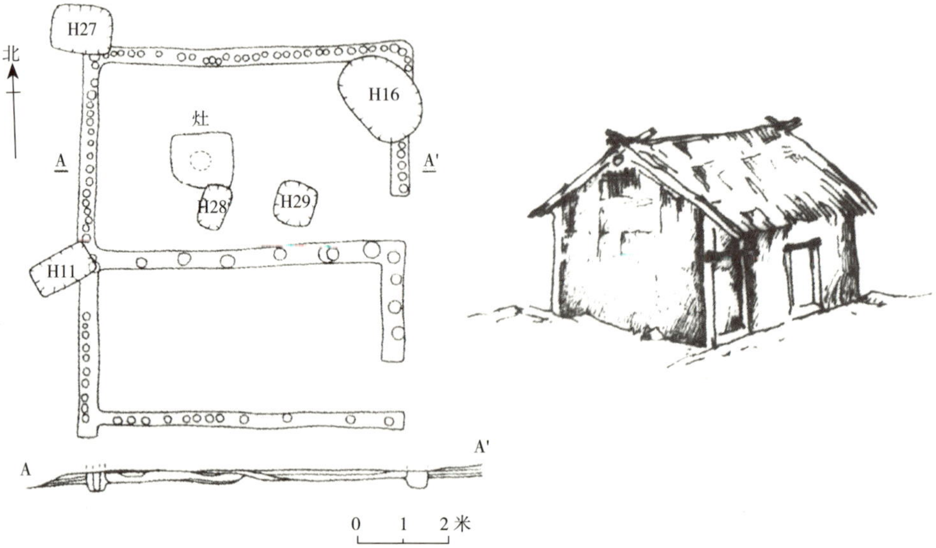

图 2-4　普安桥 F3 平面图及复原图

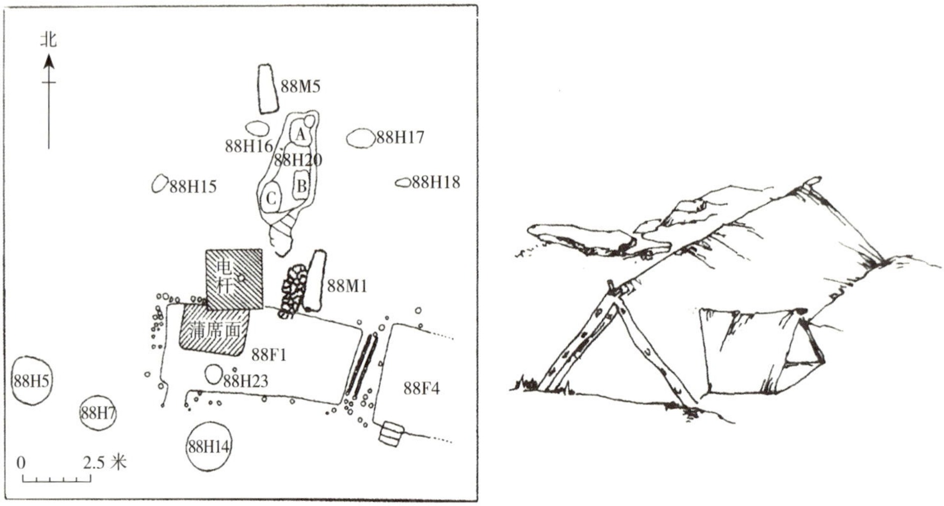

图 2-5　龙南 88F1 平面图及复原图

存的木料、半成品和废弃的建筑构件相对较多。2015—2018 年，莫角山宫殿区东侧的钟家港中段进行了多次发掘，就发现了很多大木料和木构件半成品[1]。以下为部分重要标本（发掘简报把这些称为横木，故以横的声母 h 编号）：

木构件 h1：下部仍保留原木的椭圆形，上部已加工成扁方木，整体造型近似旗杆。总长 650 厘米，扁方木部分长 540 厘米，方木边长 15—17 厘米，原木部分直径 30—45 厘米（图 2-6）。

图 2-6　钟家港 h1

木构件 h5：槲栎木，主干加工成扁方木，正面和侧面加工平整，背面圆弧。主干正面凿有 39 个基本等距的未透方形卯孔。根部尚存，并加工出一牛鼻孔，顶部加工成一方形榫头。总长 950 厘米，扁方的主干宽 18—30 厘米，厚 18 厘米（图 2-7）。此木构显示了高超的凿孔技术，且体量巨大，很可能是高等级建筑中栏杆的基座。

图 2-7　钟家港 h5

[1] 浙江省文物考古研究所:《杭州市余杭区良渚古城钟家港中段发掘简报》,《考古》2021 年第 6 期；浙江省文物考古研究所:《良渚古城综合研究报告》，文物出版社，2019 年。

图 2-8　钟家港 h11 鼻钮

木构件 h11：蕈树木，加工平整方正，截面呈长方形。两端及中部各有一个凸出的扁环形穿孔，其中一端穿孔处有藤条编的绳索遗留。总长 1460 厘米，宽 42—49 厘米，厚 23—28 厘米（图 2-8）。

木构件 h14：麻栎木，保留原木形状，仅上端和根部截断，主干横截面近圆形，近根部较扁。上端加工有两个牛鼻形穿孔，下端有四个穿孔。总长 1720 厘米，直径 35—80 厘米。

木构件 h15：蕈树木，整体形状与木构件 h11 类似。北端与中部各有一凸出的扁环形穿孔，南端有两个牛鼻形穿孔。北端穿孔处也遗留有藤条编的绳索。总长

1700 厘米，宽 42—44 厘米，厚 18—20 厘米。

从这些木料和半成品来看，十多米长的木料很多，最长的可达 17 米，说明良渚时期能够建造体量巨大的建筑。如果将 10 米长的木料作为立柱，至少可以有三层楼那么高；如果作为横梁，那么屋子的进深会十分惊人。这些适用于宫庙殿堂的大型木料，应该就近取自天目山地，通过水路运抵良渚古城。木料两端和中部被加工成带环钮的牛鼻孔，显然是运输时的牵拉着力点，部分牛鼻孔内还保存藤条编的绳索，就是很好的证据。

钟家港南区还出土了一段独木梯，由独木砍劈成锯齿形，与河姆渡遗址的独木梯如出一辙[1]。

体现木构加工技术的标本还有一些。庙前的木构井架通过榫卯套接，包括钟家港的成排卯孔，其实都属于较简单的榫卯工艺。卞家山则出土了一段目前所见良渚时期最复杂的木构件。此木构件废弃后被用作码头桩基，出土时斜插于淤泥中，下端似被削尖但已腐烂。整体为扁方柱形，一端有两个凸榫，稍内凿有纵向的长方形卯孔，两边又有横向的方形插销孔，一侧窄面还有隆起的企口，残长 69 厘米，宽 15.5 厘米，厚 7.6 厘米，材质为楠木（图 2-9）。这件木构呈现了三个维度拼接

图 2-9　卞家山木构件

[1] 浙江省文物考古研究所：《杭州市余杭区良渚古城钟家港南段 2016 年发掘简报》，《考古》2023 年第 1 期，第 144—148 页。

的立体架构，相信良渚时期高等级房屋内会大量采用这种复杂的榫卯结构。当然，平民和贵族使用的建筑肯定有所不同，贵族的建筑体量大，用料考究，还会有台阶和扶栏之类的配套设施，甚至可能会采用雕刻和彩绘技术呈现雕梁画栋的效果（图 2-10）。

图 2-10　良渚高等级房屋营建图（采自浙江少年儿童出版社《五千年良渚王国》，曾奇琦绘）

（二）水井圈

江南地区虽属水乡泽国，水资源极为丰富，但河流与湖池的水质良莠不齐，且有干枯季节，无法提供洁净和稳定的饮用水，有时候灌溉用水都会枯竭。因此，从马家浜文化开始，环太湖流域的先民就大量开挖水井，不仅提供优质的饮用水，部分也用于灌溉。因为地下水位高，水井的深度通常 2 米即可。良渚文化遗址中，水井大多为零星发现，20 世纪 90 年代有学者对良渚时期出土的古井做过推算，认为总共不下 134 处[1]。进入 21 世纪后，江苏地区发现了多个古井群，良渚文化水井的数量迅速飙升。2001—2003 年，苏州昆山绰墩遗址第四、五次发掘，在 500

[1] 林华东：《良渚文化研究》，浙江教育出版社，1998 年。

平方米发掘范围内，发现良渚文化水井 19 口[1]。2001 年，苏州独墅湖遗址抢救性发掘，共发现水井 379 口，其中良渚时期水井 82 口[2]。2003 年，苏州澄湖遗址抢救性发掘，共发现 402 口水井，其中良渚文化水井 37 口[3]。2013 年，昆山朱墓村遗址发掘，发现良渚文化水井 19 口[4]。作为饮用水，一个村落有一两口井即可，这几个地点发现大量的良渚文化水井，其中有相当部分可能用于灌溉。

良渚文化水井大体上可分为四类：纯土坑式、竹编或苇编井圈式、木筒井圈式和木构井架式。后两者因为有木质护体，相对较为考究，废弃后往往改作窖穴。

木筒井圈式水井见于整个良渚文化分布区，数量较多。1982 年，嘉兴地区文物普查队在嘉善县大舜公社新港大队发现的一口浅井，井壁由圆木剖为两半，挖空后用长榫拼合而成。木筒断面呈椭圆形，口部略残，井底铺有一层厚约 10 厘米的河蚬贝壳以过滤和净化水质。木质套筒口径 45—63 厘米，残深 163 厘米，壁厚 5 厘米。距底部 79 厘米处挖有长宽各 7 厘米的斜方卯孔两个，长榫连接两侧卯孔后为防止长榫脱落，又用小木楔插紧。木筒对合处有几个小孔，用来穿绳捆绑加固[5]（图 2-11，图 2-12-1）。湖州花城发现的水井，则由厚 3—5 厘米、宽 15—40 厘米、残长 70—120 厘米的八块木板围成一圈，然后又用五根短横木撑成五角形顶住木板。井底用三块木板铺成，口部呈不规则的椭圆形，长径 60 厘米，短径

图 2-11　新港木井圈

[1] 苏州市考古研究所：《昆山绰墩遗址》“附表三”，文物出版社，2011 年，第 240—250 页。
[2] 朱伟峰：《独墅湖遗址发掘报告》，见《苏州文物考古新发现》，古吴轩出版社，2007 年。
[3] 丁金龙：《苏州澄湖遗址发掘报告》，见《苏州文物考古新发现》，古吴轩出版社，2007 年。
[4] 苏州市考古所、昆山市文物管理所：《江苏昆山朱墓村遗址发掘简报》，《东南文化》2014 年第 2 期，总第 238 期。
[5] 陆耀华、朱瑞明：《浙江嘉善新港发现良渚文化木筒水井》，《文物》1984 年第 2 期。

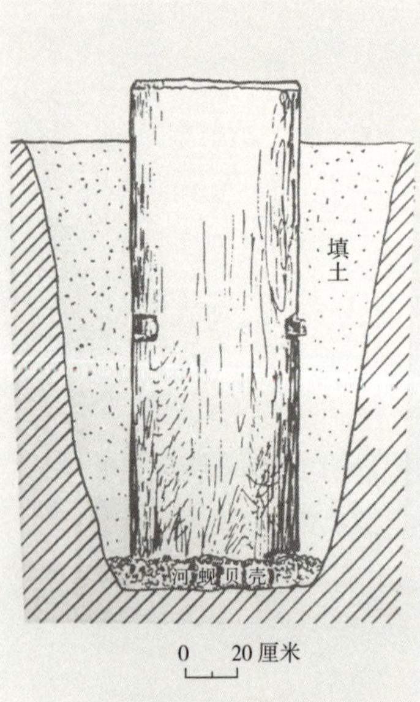

1. 嘉善新港木筒水井

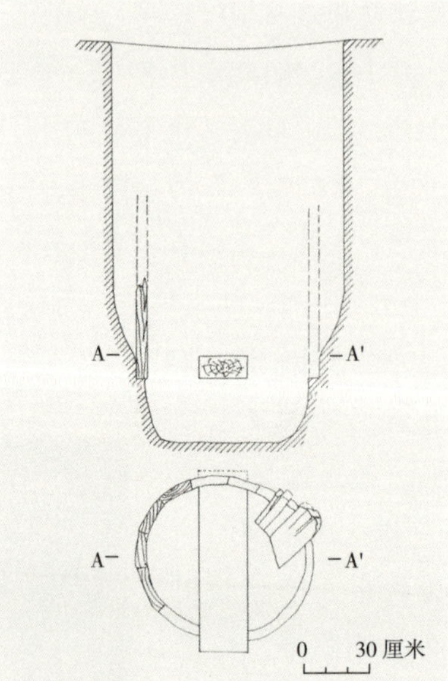

2. 独墅湖 J83 木筒井圈及底部横木板

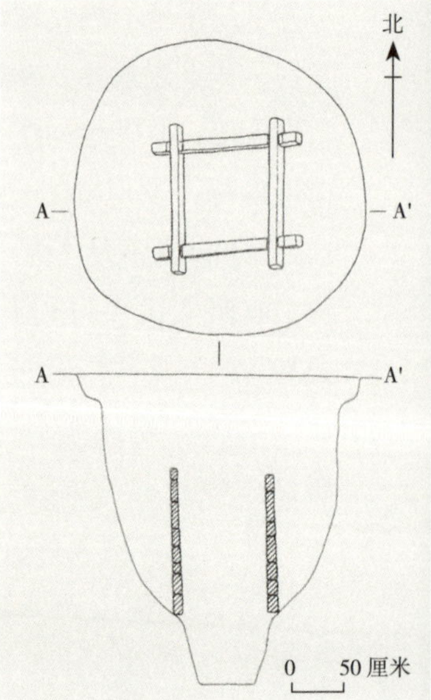

3. 庙前 H2 木构水井平剖面图

图 2-12　木构水井（丁金龙绘）

46 厘米[1]。类似的水井在昆山太史淀、江阴璜塘埣、嘉兴雀幕桥等处都有发现。昆山太史淀的木井圈是用去皮的大树干对剖后刳成四五块弧形木板，然后在木板上凿孔，用绳索捆绑而成[2]。嘉兴雀幕桥的良渚古井发现于高出水田约 1 米的高土坡上，残深 2 米多，井底以五根圆木摆成“井”字形，三横两纵，圆木上再以木板拼构出井筒[3]。

带“井”字形木框架的水井或窖穴目前仅见于余杭良渚遗址群，而且也只在庙前遗址一处有发现。巧合的是 1990 年发现一处后，于 2000 年又发现一处。1990 年发现的被编号为 H2 的木构窖藏套在一个口径 260 厘米、深 280 厘米的圆形土坑内，土坑坑壁内斜，至底部呈近方形，边长约 80 厘米。木构框架在土坑口 80 厘米处开始显露，平面呈“井”字形，以带凹槽的扁方木叠设而成，内框边

[1] 杭州市博物馆：《湖州花城发现的良渚文化木构窖藏》，见《浙江省文物考古研究所学刊》，文物出版社，1981 年。

[2] 昆山文化馆：《昆山周庄公社太史淀发现新石器时代遗址》，《文博通讯》1977 年第 11 期。

[3] 浙江省嘉兴县博物馆、文化馆：《浙江嘉兴雀幕桥发现一批黑陶》，《考古》1974 年第 4 期。

长约 82 厘米，残高 130 厘米。扁方木长 130 厘米，宽 15—23 厘米，厚 7—10 厘米，采用“双缺”和“宽槽结合”的榫卯结合工艺扣合。框内共发现陶器、石器、木器 58 件，有较多的完整器和半完整器，推测原为古井，废弃后作窖藏之用[1]（图 2-13-1）。2000 年发现的编号为 J1 的木构框架，发现于直径约 3.5 米、深约 2.3 米的椭圆形大坑内。以两端带凹槽的扁方木套合成“井”字形，单根扁方木长约 160 厘米，厚约 15 厘米。木构现存高约 200 厘米，内围是边长 95 厘米的正方形。

1. 庙前 H2 俯瞰及井架

2. 庙前 J1 俯瞰及解剖壁面

图 2-13　庙前木构水井

[1] 浙江省文物考古研究所:《庙前》，文物出版社，2005 年。

为使木构稳固，在底部挖凹坑以固定最底下的井架，木构间的缝隙则以碎陶片等填塞。井框外的填土依次为质地较疏松的黑土、夹杂大量碎陶片及块石的瓦砾层，推测能起到过滤作用[1]（图 2-13-2）。

2013 年，良渚官井头遗址还发现了石板砌壁的方形水井，说明除了以上四种类型，良渚时期还存在其他形式的水井。

（三）码头

良渚时期未有车马，交通以水路为主。码头是水路交通的节点，理论上每个村庄都应有。目前较为明确的码头遗迹只有卞家山一处。卞家山码头依托人工堆筑的坚实土台，由大量排列有序的木桩和废弃的木构残件打入淤泥形成桩基，然后在上面架梁铺板。木质桩基主要分布于东西长 18 米、南北宽 14 米的范围内。

码头区共发现 150 根木桩。约半数木桩呈东西向分三排布列于岸边，其余木桩大部分南北向成组排列，由岸边伸向水域深处。东西向排列的木桩西端与南北向排列的木桩北端相交，构成一个角尺形分布的木桩群（图 2-14）。

图 2-14　卞家山码头

[1] 浙江省文物考古研究所：《浙江良渚庙前遗址第五、六次发掘简报》，《文物》2001 年第 12 期。

图 2–15　卞家山码头示意图（良渚博物院提供）

东西向排列的三排木桩行距在 1 米左右。除少数木桩保持直立状态，多数木桩呈现不同程度的倾斜，倾斜的方向也不一致。紧贴岸边的第一排木桩（木桩Ⅰ）相对较规则整齐，木桩保存较多，仅在中段有一些木桩缺失。第二排木桩（木桩Ⅱ）和第三排木桩（木桩Ⅲ）则较稀疏，缺失较多。木桩的缺失和凌乱可能是废弃后遭毁坏所致，外侧木桩的受损程度明显要大于内侧。作为岸边埠头的桩基，三排东西向木桩可铺设出宽约 3 米的使用平台。

南北向排列的木桩三五成群，丛状分布，延伸长度超过 10 米。每丛宽度约 1 米，丛间距大多不足 1 米。木桩的这种布设方式，颇似木桥的桩基，但由于它一头连接沿岸的埠头，一头在水面中断，因此只能是一段外伸的栈桥。它与岸边的埠头共同组成了一个较具规模的码头，沿岸的埠头可以停靠较小的舟楫，而伸入水面的栈桥则可以停靠体量较大、吃水较深的船只（图 2–15）。

成排的木桩旁散落着一些木板、木桩、木块等，它们应是当时码头的部分构件。木桩附近还发现了完整的木桨和木桨半成品，这也为码头的推论提供了佐证。完

图 2-16　卞家山木桨出土状况

图 2-17　卞家山码头成组木桩

图 2-18　卞家山大木墩

整木桨的叶部宽扁方头，两翼及头部双面削薄，把手截面呈圆形，桨叶与把手长度接近，通长 150 厘米，叶长 73 厘米（图 2-16）。

据统计，东西向埠头的三排木桩直径相对较小（均值 6.6—8.2 厘米），保存长度较短（均值 50 厘米左右）；南北向栈桥的成组木桩直径较粗（均值基本在 9 厘米以上），保存长度也较长（均值大多超过 80 厘米）（图 2-17）。这一现象表明，南北向栈桥的木桩由于入水较深、承受的木构分量较重，所以需要选用较粗较长的。木桩一般直接用圆木去皮后削尖打入泥土，卞家山出土的 150 根木桩中，尖部多棱锥形的加工痕迹非常明显，个别顶部尚存捶打印痕。

卞家山码头出现于良渚晚期，在此之前码头北侧有过一个大型港湾，可以说它是码头的另一种形态，而且在港湾里面泊船似乎更安全。这个港湾的入口岸边，发现一件大木墩，由粗大的原木加工而成，底部削平，底径约 80 厘米，高 205 厘米，近底部有两对牛鼻孔，但不完全对称（图 2-18）。这件器物体量巨大，重达千斤，曾被认为是夯具，但因两个牛鼻孔不对称且分量过重，基本被排除是夯具，多数学者倾向于它是码头边拴船的立墩。

（四）护坡

良渚古城也被称为“水城”，城垣设有 8 个水门，城内外的交通主要靠水路。江南地区雨水充沛，经常会发生洪水，作为古国都城，对河堤的保护和加固也必然十分重视。事实上，护堤遗迹在良渚古城也发现最多。迄今已揭露的水岸护坡遗迹，大部分采用木桩支撑竹篱笆或苇编的形式。这种护坡形式施工较为简单，也可以有效防止水岸泥土的滑坡，哪怕连降暴雨，洪峰袭来，也能经受较大程度的考验。

卞家山港湾式大灰沟的岸边就发现有多处此类护坡遗迹，晚期阶段（G1）和早期阶段（G2）均有，保存长度大多只有数米，最长的位于 G2 南壁，残长 13.25 米，其东段 8.8 米保存尚好，有内外三重竹篱笆，均呈倒伏状；靠水面的一排残高 3—10 厘米，靠岸边的一排残高可达 80 厘米；竹篱笆外侧残存 7 根木桩，明显用来支撑篱笆；木桩直径 5—10 厘米，残长 70—130 厘米[1]（图 2-19-1）。1994 年良渚茅庵里遗址发掘中，在台地边缘发现 3 组木桩加苇编的护坡遗迹，其中 B 组保存较好，木桩排列较紧密，总长 6 米多；木桩直径 4—8 厘米，长 20—70 厘米，间距约 15 厘米；木桩内侧有苇编，残高约 25 厘米[2]（图 2-19-2）。2000 年严家桥遗址发掘时，发现了 3—4 道木桩护坡（土台每一次扩大都设有木桩护坡），其中第二排的木桩内侧有明显的竹篱笆痕迹[3]。2015 年钟家港南区在河道西岸首次发现护坡，揭露长度 32 米，由竹编物和木桩构成，竹编在内侧，木桩紧贴竹编打入；木桩上还发现一长条带卯孔的长方木，卯孔朝下，卡住一部分木桩的顶部[4]（图 2-19-3）。2016 年发现护岸遗迹继续北延，抵近老 104 国道，总长度达 48.6 米；新发现木桩 16 根，根据解剖，木桩长约 55—130 厘米，直径 10—15 厘米，间距 20—60 厘米。钟家港中段也发现了成排的木桩护岸[5]。此外，上海广富林遗址良

---

［1］浙江省文物考古研究所：《卞家山》，文物出版社，2014 年。

［2］赵晔：《茅庵里遗址的发掘》，见《庙前》，文物出版社，2005 年。

［3］浙江省文物考古研究所：《良渚遗址群》，文物出版社，2005 年。

［4］浙江省文物考古研究所：《良渚古城综合研究报告》，文物出版社，2019 年，第 187 页。

［5］浙江省文物考古研究所：《良渚古城综合研究报告》，文物出版社，2019 年，第 195 页。

图 2-19　各种护坡

渚文化晚期土台的东侧和北侧，也发现过同样起围挡作用的木桩和竹篱笆[1]。

这种护岸主要靠竹条或芦苇编织物紧贴坡面防护，木桩较为稀疏，主要起支撑作用。良渚时期的竹条或芦苇编织物在其他场合也会出现，而且制作十分精良，有的与现代的竹编脚手架毫无二致。比如莫角山西南角曾发现木构支架上铺设竹篱笆的栈桥[2]。钟家港遗址南区和北区也都发现过保存良好的大片竹编（图 2-19-4）。昆山少卿山还发现了作为墙骨的芦苇编织物，编织物两面抹泥使墙体

[1] 浙江省文物考古研究所、南京博物院、上海博物馆：《良渚考古八十年》，文物出版社，2016 年。

[2] 浙江省文物考古研究所：《良渚古城综合研究报告》，文物出版社，2019 年，第 171 页。

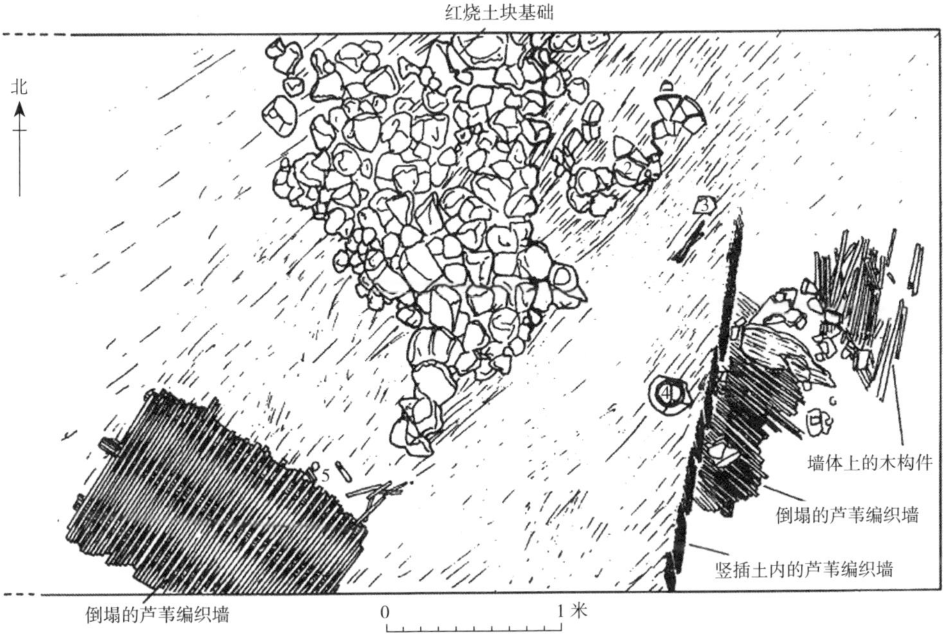

1. 黑皮陶盆　2. 陶罐　3. 彩陶杯　4. 圈足盘　5. 砺石

图 2-20　少卿山 F1

牢固厚实[1]（图 2-20）。

钟家港东部的美人地遗址，发现了更为考究的全木结构的护坡设施。它采用纵向的垫木叠加横向的枕木，再将带突榫的木板垂直插入带卯孔的垫木，从而建构起密实而陡直的水岸护坡。在揭露的 8 米长范围内，最底下的南北向枕木有五根，长 45—65 厘米，宽 25—35 厘米，厚 20 厘米；其上放置的垫木也有五根，长 110—540 厘米，宽 25—35 厘米，厚 10—18 厘米；垫木上竖置的木板，残高 105—155 厘米，宽 10—45 厘米，厚 10—20 厘米[2]。据分析，这里可能是码头专属区域（图 2-21）。

苏州绰墩遗址在第四、五次发掘中发现一条良渚文化时期的河道，河道呈东北至西南走向，发掘范围内已揭露长 40 米、宽 6—9 米、深 1 米左右。河道南北

[1] 苏州博物馆、昆山市文化局等：《江苏昆山市少卿山遗址的发掘》，《考古》2000 年第 4 期。
[2] 浙江省文物考古研究所：《良渚古城综合研究报告》，文物出版社，2019 年。

堤岸分别采用不同的材料，其中南堤岸宽 1 米左右，主要是红烧土块堆筑；北堤岸宽 1.8—2 米，用红烧土或黄土堆筑。用黄土堆筑的堤岸上，打有密密麻麻的木桩[1]（图 2–22）。这是考古发掘中十分罕见的一种护岸类型。

图 2–21　美人地护坡

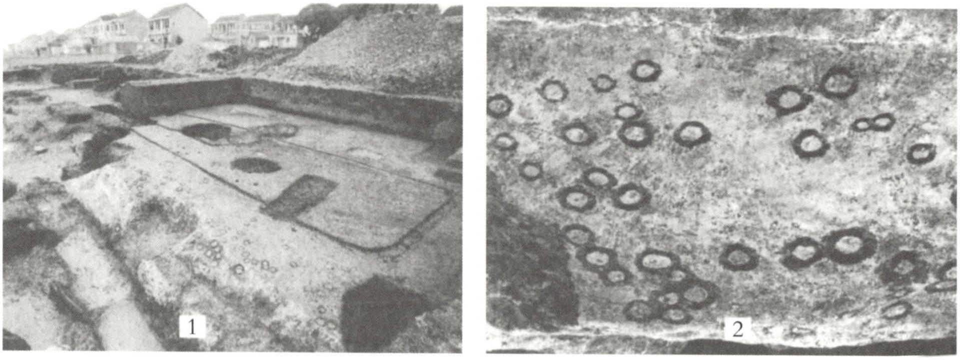

图 2–22　绰墩北岸木桩

[1] 苏州博物馆、昆山市文物管理所、昆山市正仪镇政府：《江苏昆山绰墩遗址第一至第五次发掘简报》，《东南文化》2003 年增刊 1，第 1—41 页。

二、生产工具

良渚文化已进入早期国家社会，兴建了大量与之配套的公共工程，包括三重结构的都城、高低两级的复杂水利系统、通神观象的祭坛、顶级的贵族墓地，以及各种用途的大量台地。这些工程的总土方量超过 1000 万立方米，以当时的劳动力水平，一万人要连续干数十年，足以反映良渚社会强悍的组织、实施和保障能力。工程的材料主要是石块和泥土，但建设过程中材料的获取、预制、储存、运输、施工等各个环节，都要用到各种工具。良渚文化的生产工具看似大多为石锛、石凿、石耜、石刀之类的石器，其实大部分需要装木柄才能使用。而有的工具整体均为木料制作，只不过这类纯木质工具很难保存，故极少发现罢了。

目前已知的良渚文化木质生产工具有木锸、木锹、木杵、木槌、各种器柄、石犁底托等多种，其中石锛、石凿、破土器、石耜、石钺乃至玉钺等不可或缺的木柄，使用率和更新率更高。木质工具发现较多的遗址有卞家山、钟家港、庙前、钱山漾、水田畈等。此外，钟家港遗址还出土了折角尖头的点种棒，另有一件 T 形把柄的尖头器，头部削成平尖，长约 35 厘米，可能也是点种棒一类的工具。宁波慈湖遗址出土了罕见的木钻头。

（一）木锸与木锹

木锸相当于现在的工兵锹，头部弧尖，有踩脚的凸脊，主要用来挖土。木锹相当于现代的平头铁锨，头部平直，可以挖土，也可以开沟。不过，现在的工兵锹和平头铁锨，常被统称为“铁锹”。

良渚文化木锸和木锹主要见于良渚古城内的卞家山遗址和钟家港遗址。卞家山木锸尖部呈半圆形，顶背有踩脚的凸脊，柄细长，延伸至锸身后背呈脊背状隆起，把端作 T 形，通长 116 厘米，叶长 29 厘米，叶宽 14 厘米（图 2–23–1）。钟家港遗址的木锸头部收窄，尖部基本被磨平，器身与柄部呈斜角，顶背有踩脚的凸脊，器身弯弧起翘，柄部反向弧曲，柄端在锸身后背的隆起特别明显，把端也作 T 形，但已残。整体略呈 S 形，长约 65 厘米（图 2–23–2）。从人体力学上讲，这种曲度用起来更舒适。

钟家港出土一件较完整的木锹，叶部较长，头端方直略残，顶背的踩脚部位

1　2　3

图 2–23　木锸与木锨

图 2–24　卞家山木锨

厚实且两侧鼓突，把端作 T 形，但已残。残长 67 厘米，叶长 21.5 厘米，叶宽 11.5 厘米（图 2–23–3）。卞家山遗址也有一件残木锨，仅存铲形的头部，单面刃，宽把残，残长 16.6 厘米，宽 11.3 厘米，厚 1.6 厘米（图 2–24）。

钱山漾遗址出土的所谓“千篰”，其实就是木锨，主要用于戽水和捻河泥，现在还在使用，形状与古代无异，杭嘉湖地区的农民习惯称之为“千篰”。钱山漾“千篰”由独木剜成，长方形，只残存一小半，柄已残缺，口与底齐平，但接近口部一段稍斜杀。

（二）木槌与木锤

现代的“槌”与“锤”时常不分，俗称“榔头”。古代还是有所区别：木槌是需要装柄使用的榔头，木锤是一体制作、体量较大的榔头。

木槌在水田畈、庙前、卞家山、南湖、钟家港等遗址均有发现，数量较多，且大部分跟木工活有关。它有两种形态，一种头部较粗，单头使用；另一种两头圆弧，两头皆可敲击。两种木槌都要另外装柄：单头使用的木槌尾部有銎孔，装柄后略呈“7”字形；两头使用的木槌则中部有方形或长方形銎孔，装柄后呈 T 形。杭州水田畈遗址发现的木槌为两头圆弧，中间带方銎（图 2-25-6）。卞家山发现

1. 南湖　2. 庙前　3. 庙前　4. 卞家山

5. 南湖　6. 水田畈　7. 钟家港　8. 卞家山

图 2-25　良渚文化木槌

两件木槌，其中一件头部粗大，尾部有銎孔，长 20 厘米，宽 5.2 厘米，厚 3 厘米（图 2–25–4）；另一件为两端圆弧，中部凿方孔（图 2–25–8）。良渚庙前遗址也发现两件木槌，一件为第一、二次发掘中出土，头部粗大，方銎（图 2–25–3）；另一件为第五、六次发掘时出土，略束腰，头部稍大，长方形銎孔（图 2–25–2）。钟家港发现的木槌也为两头圆弧，中间带方銎（图 2–25–7）。南湖也有两件木槌，一件单头使用，头部平直，銎孔在尾部（图 2–25–1）；另一件两头尖，中部有銎孔，身长 21 厘米，装柄后酷似现代的铁镐（图 2–25–5）。

图 2–26　南湖方锤

木锤目前仅见于南湖遗址，由整块木料一体制作，头部为粗大的方柱体，把手为细长的方柱形，锤头长 11.5 厘米，宽与厚均为 10.4 厘米，柄残长 15.6 厘米（图 2–26）。这种木锤体量大，砸击面广，适用于大型木构件制作，如开凿卯孔，用它敲击石凿会十分顺手。

图 2–27　钱山漾木杵

（三）木杵和木臼

木杵用于舂米，或将食物捣碎，也可能用作夯具。钱山漾遗址有木杵出土，头部三分之一较粗，头端锥圆，把端圆弧，中部有火熏痕迹，通长 118.5 厘米，中部握手处直径 4 厘米[1]（图 2–27）。水田畈遗址出土的木杵仅存较粗的头部，残长 67 厘米。

余杭南湖出土过一件木臼，因是古河道沙土中出土，不能确定一定是良渚文化遗物，

[1] 浙江省文物管理委员会:《吴兴钱山漾遗址第一、第二次发掘报告》,《考古学报》1960 年第 2 期。

但与木杵十分匹配。该木臼呈圆柱形，中间收腰，口部粗壮显厚实，底部粗大底盘稳；内膛呈陀螺形，即口部大，底部尖圆；口径 25 厘米、腰径 16.2 厘米、高 23 厘米，内膛口径 15.3 厘米、深 16.5 厘米（图 2–28）。

图 2–28　南湖木臼

（四）木柄

木柄的作用是放大人力，器物的柄越长其惯性力越大，可让工具使用者发挥最大的效能。除了取土和翻土工具的 T 形木柄，石锛的木柄更具特色。良渚文化石器中石锛的数量最多，且形态各异、大小不等，制作精度也不同，表明石锛的应用范围十分广泛。有的木构件上还能发现加工痕迹，如庙前 J1 木构井壁内侧可看到密密麻麻的石锛凿痕。然而，石锛的使用功能取决于它的装柄方式。早年考古发掘或采集到的带木柄石锛有如下几处：江苏溧阳县沙河乡洋渚遗址出土三件带柄石锛，木柄皆一头粗一头细，且均在粗端凿孔插入石锛，其中两件石锛刃缘平行于木柄，一件石锛刃缘垂直于木柄[1]（图 2–29–1～3）。浙江湖州千金公社向上大队出土一件带柄石锛，木柄仅存与石锛接触的一小段，石锛刃缘平行于木柄[2]，此外，江苏澄湖良渚文化古井 J10 发现一把带木柄的石斧，保存较好，柄长 76 厘米，

[1] 肖梦龙：《试论石斧石锛的安柄与使用》，《农业考古》1982 年第 2 期。
[2] 林华东：《良渚文化研究》，浙江教育出版社，1998 年，第 199 页。

直径 5—7 厘米，木柄粗端凿有长方形孔槽，下大上小呈梯形，石斧插入后越使用会越牢固（图 2-29-4）[1]。这些带柄石锛有一个共同特征：木柄一头较粗一头较细，较粗的那头凿有卯孔或透孔，石锛即插入卯孔或透孔之中。所见的石锛多数为有段石锛，也有常型锛。大多石锛的刃缘平行于木柄，应是砍劈工具。也有个别石锛的刃缘垂直于木柄，似乎是刨砸工具。

1. 江苏溧阳带柄有肩石锛

2. 江苏溧阳带柄石锛

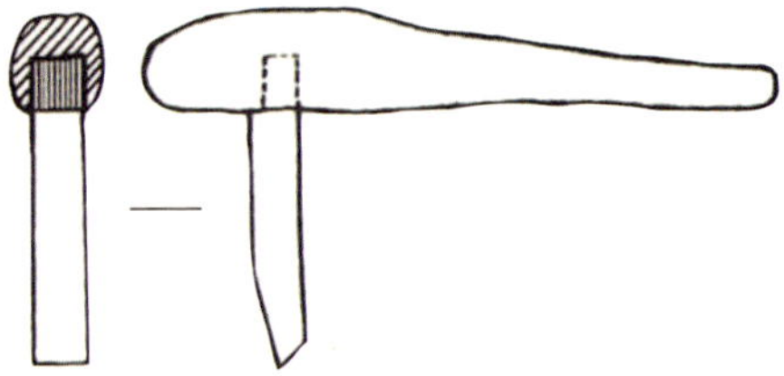

3. 江苏溧阳带柄石锛

4. 吴县澄湖装柄石斧

图 2-29　早年出土的带柄石器

自 20 世纪 90 年代开始，浙江余杭南湖、北湖、东苕溪等地的古河道或冲积扇的沙土中，陆续有带柄石器出土，部分被国有博物馆征收，部分流入民间。2006 和 2007 年，随着余杭南湖整治工程的推进，笔者带队对南湖遗址进行了调查和发掘，从采沙现场也发现了两把带柄石锛。其中一把木柄材质鲜黄，一头粗大呈柱状，然后渐细成把手；粗大柱体的一侧削平，然后开凿卯孔，石锛嵌入后刃部与木柄平行；削平的一侧斧凿痕迹十分清晰，通长（即柄长）48 厘米，粗头直径 7.5 厘米（图 2-30-1）。另一把木柄颜色发黑，头部也较粗大，然后渐

[1] 南京博物院、吴县文管会：《江苏吴县澄湖古井群的发掘》，见《文物资料丛刊》第 9 辑，文物出版社，1985 年。

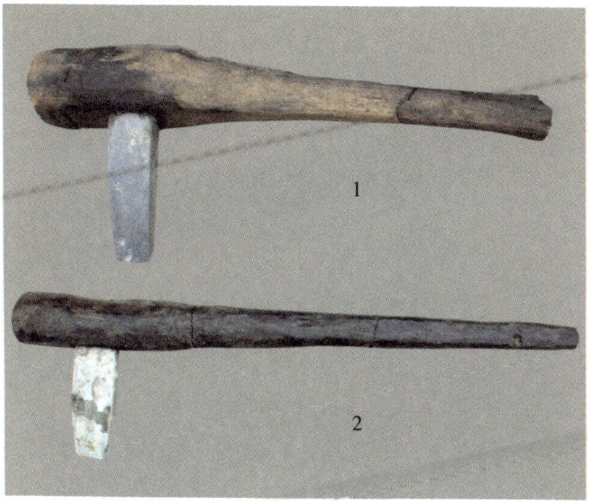

图 2-30 南湖带柄石锛

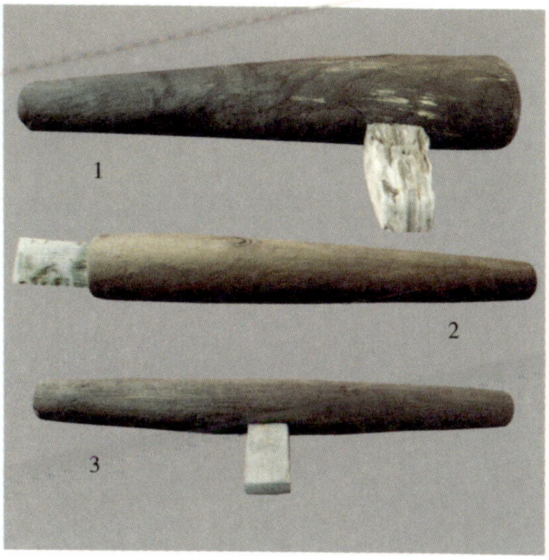

图 2-31 良渚博物院带柄石器

细成把手；粗大柱体的一侧削平，然后开凿卯孔，石锛嵌入后刃部与木柄平行；通长（即柄长）54 厘米，粗头直径 6.1 厘米[1]（图 2-30-2）。其他征集的带柄石器，木柄形制多数与这两件相同，即一头粗一头细，石器安装在粗体一头的侧边，整体呈“7”字形。但也有另外两种装柄方法：一种是石器装在木柄粗端顶部，石器嵌入后与木柄呈“一”字形；再一种是木柄呈中间粗两头细，石器插嵌在中部开凿的卯孔中，石器与木柄呈 T 形。良渚博物院收藏有三件出自南湖的带柄石器，恰好分别使用了这三种不同的装柄方法。第一种就是常见的方法，一件个体较小却较厚的石锛嵌于木柄粗端的侧面卯孔之中（图 2-31-1）。第二件石器为扁薄精磨的石锛，安装在木柄粗端的端顶，在近平的顶部圆面上开凿窄长的卯孔，石器嵌入后器身与木柄在同一直线上（图 2-31-2）。第三件石器为厚背精磨的石锛，安装在木柄中部，木柄也相应做成两头小、中间稍粗的擀面杖形，卯孔就挖凿在中段，石器嵌入后器身与木柄垂直（图 2-31-3）。这些装柄石器虽然都要挖凿卯孔，即所谓的“榫卯法”[2]，但石器与木柄连接的部位和角度截然不同，由此形成的使用方法也必然不同。很显然，第一种常规的装柄方法适宜于砍劈，第二种装柄方法适宜于掏凿，第三种装柄方法适宜于刮刨。

---

[1] 赵晔：《余杭南湖遗址》，见《浙江考古新纪元》，科学出版社，2009 年；赵晔：《浙江余杭南湖考古调查发掘获重要成果》，《中国文物报》2007 年 12 月 28 日。

[2] 肖梦龙：《试论石斧石锛的安柄与使用》，《农业考古》1982 年第 2 期。

根据石器与木柄构成的形态，我们不妨将石器从木柄一头垂直伸出的称为“斧头式”，将石器沿木柄一头放射状伸出的称为“标枪式”，将石器从木柄中部垂直伸出的称为“刨子式”。在收藏机构披露的带柄石器中，“刨子式”装柄的石器非常罕见，仅见良渚博物院这一例；“标枪式”装柄的石器有七例，除此皆为“斧头式”装柄的石器。据了解，散落民间的带柄石器也均为这三种装柄样式，大体的比例也与前者相近。这样的比例关系也可理解为“斧头式”装柄的石器用量或消耗量最大，“标枪式”装柄的石器次之，“刨子式”装柄的石器最少。另外，个别砺石、耘田器式的石刀也采用了“斧头式”装柄方法，使用时可大大提高效率，减少使用者劳动强度[1]。

经测量和对比观察，40—45 厘米是木柄长度的一个分水岭。保守地说，长度在 45 厘米以下的木柄几乎都经过打磨，制作规整，外表光洁。良渚博物院收藏的三件石器皆属此列，其木柄长度均在 30 厘米左右，乍一看就像用现代车床车过一样。长度超过 45 厘米的木柄多数制作粗糙，往往留有明显的加工痕迹。如 2006 年下半年在余杭南湖考古工地中出土的两件带柄石锛，长度分别为 48 厘米和 54 厘米，而苏州澄湖出土的透孔带柄石斧的木柄长达 76 厘米。笔者推断，长度在 45 厘米以内的木柄都较圆润规整，使用灵便，很可能是专门的木作工具；而长度在 45 厘米以上的木柄制作多较粗糙，柄身未作修整处理，斧凿痕迹明显，可能用于劳动强度较大的生产活动。与此相关的证据是，上述三种装柄方法均见于精加工的短柄石器，十分适应木作工艺复杂性的要求；而制作粗糙的长柄石器，仅有常规的“斧头式”装柄方法一种。另外柄长意味着臂距长，传递到石器上的力量也相应增大，这样的作用力正可以运用于伐木、劈柴等重体力生产活动中。在经过打磨的短木柄中，“标枪式”安装的木柄相对更短，大部分在 20—30 厘米之间，目前所知这类木柄最短的实物仅 18 厘米。

除个别基本等粗者，绝大部分木柄都呈一头大一头小的形态，但细节上有所区别，大致可分两种：一种粗端至细端均匀收小；另一种嵌石器的头部有一段等粗，然后往尾部逐渐收小。在短柄的木作工具中，前一种柄身往往被修磨成微隆的腰鼓形，后一种柄身大多一半等粗一半渐收。在长柄的重体力工具中，前一种柄身较僵直，后一种有的木柄头部也有一半等粗，有的却只是石器上部一截等粗，

[1] 赵晔：《良渚文化石器装柄技术探究》，《南方文物》2008 年第 3 期。

大部分瘦长。若再进一步细分，从等粗段往尾部收小也有两种情况：一种是居中渐收，一种是往顶背一边收小——浙江省博物馆收存的一件还略微上翘（图表一）。在用于强劳动的长柄石器中，头部粗大显得尤为重要。像上述南湖考古发掘中出土的带柄石锛，木柄头部就特别粗大，直径达 7.5 厘米。将木柄嵌石器的一头做大应该有两个用意：一是砍伐时更有力，也更省力；二是卯孔更牢固，不易破裂[1]。

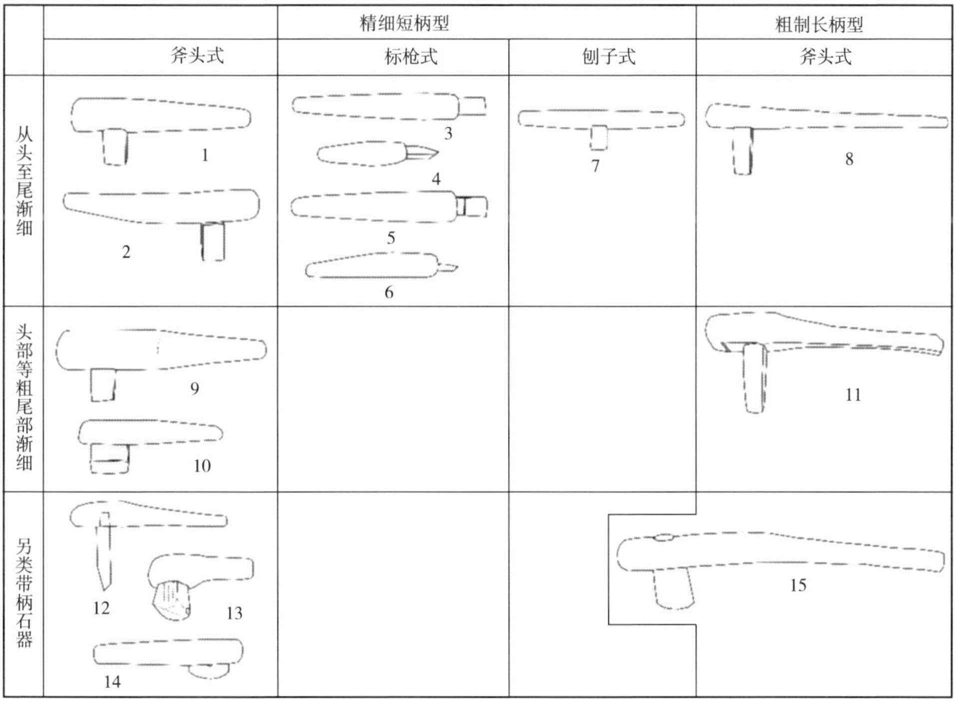

1、3、7. 良渚博物院　2、4、9、10. 浙江省博物馆　5、6、13. 浙江吴越古陶瓷博物馆　8、11. 临平博物馆　12. 溧阳出土　14. 私人收藏　15. 澄湖出土

图表一　良渚文化带柄石器分类图表

古代石器通常安装于木柄粗端，还可以从距今 8000 多年前的余姚井头山遗址得到佐证。井头山遗址大部分属于海相沉积，淤土中出土了大量有机质遗存，包括数量可观的木器和个别漆器。木器中数量较多的是石斧木柄，造型几乎完全一致，

[1] 赵晔：《良渚文化石器装柄技术探究》，《南方文物》2008 年第 3 期。

图 2-32　井头山斧柄

安装石斧的头部皆削制成粗大的梯形，橄榄形的侧边开凿卯孔插入石器，柄部则较细长，木柄的整体外观类似现代的砖刀[1]（图 2-32）。

由上可知，石锛的装柄方法多种多样，相比之下，农具的装柄方法较为固定。良渚时期稻作农业已十分成熟，主要体现在三个方面：一是拥有像茅山稻田那样规整的大面积稻田；二是有成套的农具，中国传统农具中主要的犁和镰都已出现；三是有大量炭化稻米发现，粮食产量稳定且达到了历史新高。农具中，石耜、石镰、斜把破土器等均需要装柄使用。石耜因为垂直发力使用，垂直装柄即可，通常尾部有凸块，木柄顶住或夹住凸块绑扎。石镰的装柄与当代金属镰的装柄方法完全一致，即镰与柄呈 90 度。因为器身扁薄，通常它的尾部与柄杆十字相交，用绳子交缠紧实即可，无须在柄上开凿卯孔。斜把破土器因为把是斜的，木柄自然

[1] 孙国平提供资料。

图 2-33　庄桥坟分体石犁

也顺着斜把方向安装，使用时可能往前推着翻土或开沟。斜把有两种，一种斜边尾部有斜向突条，另一种斜边尾部有斜向凹槽，一阳一阴，但装柄方法完全相同，前者绳子绑扎在突出部位，后者绳子绑扎在凹槽部位。

石犁的情况比较复杂，它本身只是犁铧部分，如果直接用来翻地必然容易折断，因此需要底托来保护。按照牟永抗先生的推测，石犁下应有垫木，上面则有扣板，石犁铧就嵌在两者中间，然后穿以木钉固定，这样石犁铧就包裹在木质底托中，仅刃部外露，克服了石犁易折的弱点[1]。附带犁托的石犁才可安装到犁辕（犁架）上，通过人力或畜力牵拉，后面有人扶犁辕进行翻土作业。如果是分体石犁，就更需要先把犁片组装在底托上。平湖庄桥坟遗址出土了一件带木质底托的组合式分体石犁，通长 106 厘米。石犁头部分长 51 厘米，宽 44 厘米；木底托部分长 84 厘米，其中镶于犁头部分长 29 厘米，底托尾端有插入犁辕的榫口，残长 15.6 厘米，宽 8 厘米（图 2-33）。这是迄今发现最早的带底托的石犁标本，反映了良渚文化时期犁耕农业和犁耕文化的发达程度。

良渚古城内的钟家港遗址还发现一件牛轭形木器，整体呈 V 形，折弧处略细，两头较粗，两叉中部各有一个方孔（图 2-34）。此器跟现代套在耕牛颈部的牛轭（又称

图 2-34　钟家港牛轭

[1] 牟永抗：《浙江的石犁与破土器》，《农业考古》1981 年第 2 期。

牛梭子）酷似，两叉的穿孔可以系绳牵拉犁架。但是否当时就是牛轭尚难定论，因为当时的牛骨发现很少，还不足以支撑普遍性畜力耕地的观点。

三、交通工具

图 2-35　茅山独木舟

良渚时期水网密布，水路通达，水上航运无疑是当时最主要的交通手段，尤其在湖沼地带具有突出作用。正如钱山漾遗址发掘报告的结语中所写：舟楫之便，使地域上的阻隔失去了原有的威力，扩大了各部族之间的频繁接触，也给文化的交流创造了良好条件[1]。

水路出行主要靠舟船。最早的独木舟发现于萧山跨湖桥遗址，距今约 8000 年。2010 年，临平茅山发现良渚文化独木舟实物，该独木舟由整段巨大的松木凿成，圆头方尾，长 735 厘米，宽 45 厘米，深 23 厘米（图 2-35）。浙江大学计算机系对其进行过三维扫描，根据三维模型计算出它的排水量，然后推算出其最大承重量是 300 公斤。按照

[1] 张志新：《良渚古井遗存及其文化特色》，见《东方文明之光——良渚文化发现 60 周年纪念文集》，海南国际新闻出版中心，1996 年。

单个人体重量60公斤计，该独木舟最多可承载5个人。安全起见，实际上只能坐4个成人。良渚时期的葬具大多为整木刳凿的凹弧棺，说明当时的刳凿技术已相当普及，制作独木舟自然也不在话下。

木桨是舟楫的有机组成部分，发现木桨就证明必有舟楫。迄今在吴兴钱山漾、杭州水田畈、溧阳沙河、吴县龙南、宁波慈湖、余杭卞家山等遗址发现了近10件木桨，这些木桨无疑是水上交通的有力佐证。钱山漾出土的木桨以青冈木制成，叶部呈长条形，凸起的一面正中有脊，自脊向边缘斜杀，稍有变形；叶长96.5厘米，宽19厘米，柄残长87厘米[1]。水田畈出土的木桨有4件，叶部分宽翼和窄翼两种，叶部末端有圆头和尖头两种。宽翼标本宽26厘米，残长70厘米，厚1.5厘米；窄翼标本宽14厘米，翼长77厘米，柄残长10厘米[2]。卞家山遗址出土的两件木桨中，有一件是目前所知最完整的木桨。这件木桨叶部呈长方形，边缘修薄，与柄部交接处斜收，把手较短小，全长150厘米，叶长73厘米、宽13厘米、厚4厘米（图2–36）。另一件较宽扁，由一块扁条木削成，两侧稍薄，一端两侧割出浅槽以作柄，似为未完成的木桨半成品；整器残长110厘米，宽14厘米，厚3.5厘米。卞家山还有一件舌形的残木器，也可能是木桨，残长16.7厘米，宽6.1厘米，厚0.9厘米[3]。宁波慈湖遗址上层出土的木桨保存也较完整，整木加工，长柄，截面略呈圆形，叶部较短，桨翼薄窄，通长90厘米[4]。宁波地区田螺山遗址发现了一批河姆渡文化的木桨，这些木桨皆呈尖头形，风格较为独特[5]（图2–37）。

根据茅山独木舟和卞家山完整木桨的体量，良渚时期普通的舟楫似乎规模并不大，只适合一个家庭若干成员的出行。这么窄长的独木舟有点像现在的龙舟，但当时是否有双头桨还无法确定，因为中间把手部位极易断裂，出土时可能被认为是单头桨。如果仅靠单头桨比速度，这么窄的独木舟，只能一左划、一右划均衡使力才行。

---

[1] 浙江省文物管理委员会:《吴兴钱山漾遗址第一、第二次发掘报告》,《考古学报》1960年第2期。

[2] 浙江省文物管理委员会:《杭州水田畈遗址发掘报告》,《考古学报》1960年第2期。

[3] 浙江省文物考古研究所:《卞家山》，文物出版社，2014年。

[4] 浙江省文物考古研究所、宁波市文物考古研究所:《宁波慈湖遗址发掘简报》，见《浙江省文物考古研究所学刊》，科学出版社，1993年，第104—118页。

[5] 孙国平提供资料。

图 2-36　卞家山木桨

图 2-37　田螺山木桨

划船的工具其实还有橹，通常比单桨要长一些、大一些，固定安装在船尾或船旁，由船工摇着橹使船行进，但迄今尚未发现良渚时期的橹。史前时期只在常州圩墩遗址发现过马家浜文化时期的木橹，此橹保存基本完整，把手部略有残缺，由整块木料削凿而成，橹背斜削，自中间向橹尾渐薄，橹把与橹面结合处有 4 厘米宽的轴梁，残长 120 厘米，页部末端宽 18 厘米[1]。河姆渡遗址和更早的井头山遗址均有木桨发现，同时也有木橹发现。不过，良渚时期工程浩大，大批量的建

[1] 常州市博物馆：《1985 年江苏常州圩墩遗址的发掘》，《考古学报》2001 年第 1 期，第 73—110 页。

筑材料应该是使用竹筏运输。竹筏的好处是制作容易，可大可小，还可以拼接，横向可以加宽，纵向可以接长，运输成本最为经济。

良渚文化地处沿海水网平原，河道纵横，湖泊众多，长途的出行和运输主要依靠水路。个体或散户的水上出行，依托河埠就行，聚集性的货物及人员往来则需要建专门的码头。码头的形态应该也有多种，卞家山河埠头加栈桥式的木构码头，可能只是其中一种。一些河埠头应当也具有小型码头的功能，如龙南遗址良渚古河道边的木构埠头，主体为一块长 160 厘米、宽 40 厘米的木板，前部搁在两根木桩上，后半部也以两根木桩支撑。

较为罕见的是，昆山绰墩遗址古河道中发现一件带牛鼻孔的大木块，发掘者推测可能为摆渡工具[1]。该木块呈长方形，左右两侧面都加工平整，一端有砍伐留下的断痕，另一端加工成由上往下约呈 45 度角的斜面，类似船头。木块上面中部挖有一银锭形鼻孔的把手，也可用于系绳（图 2–38）。经南京林业大学鉴定，此

图 2–38　绰墩摆渡木块

[1] 苏州博物馆、昆山市文物管理所、昆山市正仪镇政府:《江苏昆山绰墩遗址第一至第五次发掘简报》,《东南文化》2003 年增刊 1，第 1—41 页。

1. 坯料

2. 带打样线毛坯

图 2–39　钟家港木盆坯

木块材质为二针松，体积 0.1771 立方米，干重 94.4 公斤，浮水力 82.7 公斤（极限）。按此浮力可承载一个大人和一个小孩。大木块一端斜面类似船头而便于靠岸，大木块上面中心的象鼻孔把手，似用来拴绳方便来回拉绳摆渡过河。据说在苏州昆山，现在还保留这种渡河的方法。

四、日用器皿

良渚时期的木质生活器皿主要为容器类，如木盆、木盘、木豆、木盒、木箕、木勺等，也包括器盖、木屐、木梳等日常用品。

木盆应是当时较常用的木质容器，发现相对较多。杭州水田畈遗址发现一件木盆，用一块完整的树木刳成，口沿经打磨，平口，弧壁，圜底，口径 34 厘米，深 12.3 厘米[1]。钱山漾遗址也发现一件盆形木器，长方形，由独木剜成，制作精细，覆置作盘顶状，四壁斜杀。钟家港遗址则发现多件木盆的毛坯，其中有一件圆形的顶面已刻画了木盆开口的圆圈打样线（图 2–39–1，图 2–39–2）。

木盘、木箕、木杯、木盒等其他种类的容器相对少见。庙前第一、二次发掘时出土一件三足的木盘残件，整料挖凿，扁圆形，直敞口，浅腹，仅存弧方锥形

[1] 浙江省文物管理委员会：《杭州水田畈遗址发掘报告》，《考古学报》1960 年第 2 期。

图 2-40 庙前三足盘

图 2-41 木箕

图 2-42 木盒

图 2-43 钟家港带把木杯

的两足（图 2-40）。卞家山遗址发现一木箕，器身呈圆角长方形，胎壁前薄后厚，浅腹，口部残，直柄状把手已残断，残长 26.2 厘米，残宽 12 厘米，高 4.5 厘米（图 2-41-1）。钟家港遗址也发现一件带舌形把手的箕形器，大体呈椭圆形，口部残缺，残长 21 厘米、宽 14 厘米，把长 5 厘米、宽 4.7 厘米（图 2-41-2）。木盒见于钟家港遗址，共出土两件，其中一件较完整，整体形状接近正方体，制作较规整，底部一侧因破损而缺漏，长 34 厘米，宽 29 厘米，高 27.3—29.3 厘米（图 2-42-1）；另一件仅存一半，也为方形，壁较厚，制作略显粗糙，长 35 厘米，残宽 22 厘米，高 19 厘米（图 2-42-2）。钟家港遗址还发现一件带把的椭圆形木杯残件，胎壁很薄，把手在长径一侧，十分罕见（图 2-43）。

图 2-44　庙前木盆

图 2-45　卞家山木盖

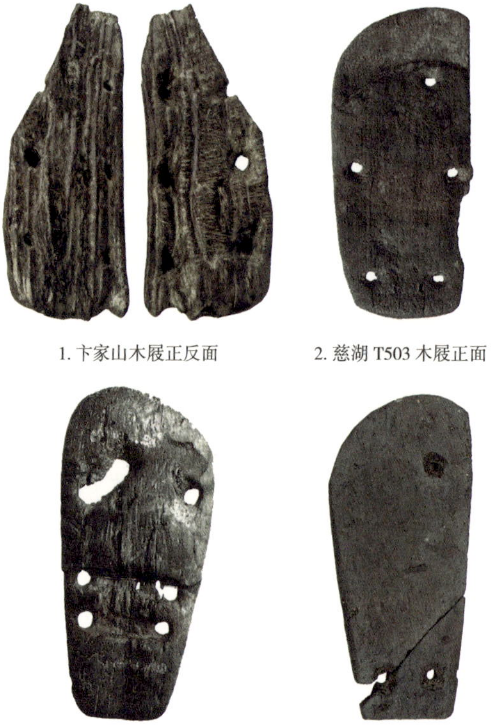

1. 卞家山木屐正反面　2. 慈湖 T503 木屐正面

3. 慈湖 T502 木屐背面　4. 南湖木屐

图 2-46　木屐

此外，庙前第五、六次发掘中发现有斗形木器和支座形木器[1]，其中斗形木器呈长方形，两边有一对外突的把手，盘面中间有长方形浅槽，胎体较厚，底面斜收，长 36 厘米，宽 16 厘米，厚 8.3 厘米（图 2–44）。另外，卞家山遗址出土一木器盖，圆角方形，器身扁平，中部有圆纽微微隆起，直径 9.5 厘米，高 2.3 厘米（图 2–45）。此类器盖可能并没有固定对应的器身，当是通用型器盖。

木屐也算是良渚先民的生活用品，目前已发现多件标本。卞家山木屐呈扁长形，两边较直，一角破损，两端都有残缺，正面较平整，背面有多条纵向的沟槽。有三对共六个穿孔，背面孔径较大，显然是为了在背面打结而不致磨损，残长 20.2 厘米，宽 7.8 厘米，厚 1.6 厘米（图 2–46–1）。类似的木屐早在 1988 年的宁波慈湖遗址就有发现，而且发现了两只，不过都是左木屐。一只凿有五孔，头部一孔，中部和后端

［1］浙江省文物考古研究所：《庙前》，文物出版社，2005 年。

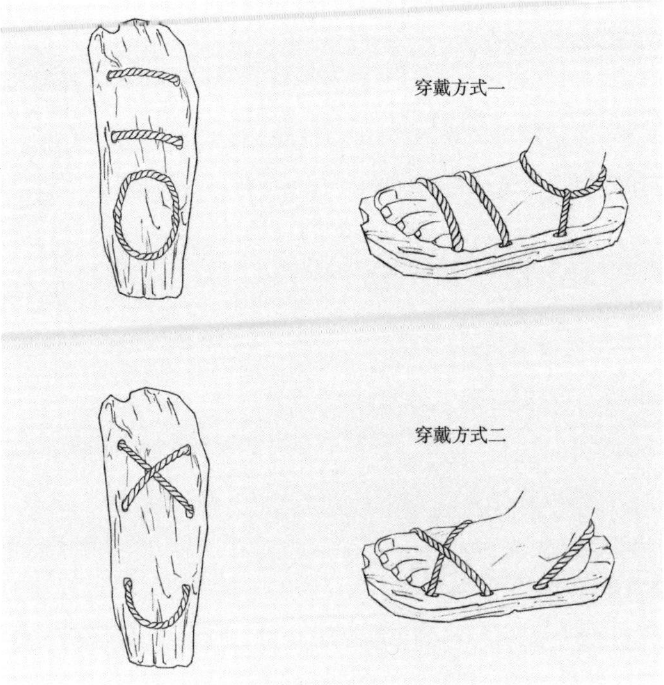

图 2-47 木屐穿绳示意图（良渚博物院提供）

各两孔，两孔间挖有凹槽，明显也是为了避免行走时磨断绑绳，此木屐长 21.2 厘米，头宽 8.4 厘米，跟宽 7.4 厘米。另一件与卞家山木屐一样凿有六孔，两孔之间也挖凹槽，只不过后端两组穿孔间距较近，与头部两孔距离较大，且头端两孔特别粗大，此木屐长 24 厘米，头宽 11 厘米，跟宽 7 厘米[1]（图 2-46-2、3）。五孔木屐和六孔木屐应该有不同的绑带方式。图 2-47 是我们推断的绑带方式，绑带材料最有可能是麻绳，此类麻绳在良渚马家坟遗址中曾有发现。2006 年，余杭南湖遗址也出土过一对木屐，头部圆弧较宽，跟部平直较窄，长 23 厘米，头部宽 10.4 厘米，跟部宽 5.8 厘米，厚 0.65 厘米（图 2-46-4）。这对木屐的趾部一大孔，跟部两小孔，所以其绑绳会是另一种方式。

一般认为，穿木屐是日本的传统文化，事实上木屐的源头在中国。从史书记载来看，自春秋战国到秦汉时期，穿木屐在中国一直十分流行。直到隋唐时期，

[1] 浙江省文物考古研究所、宁波市文物考古研究所：《宁波慈湖遗址发掘简报》，见《浙江省文物考古研究所学刊（建所十周年纪念）》，科学出版社，1993 年。

一些遣唐使和留学生才将木屐带到日本，从此木屐在日本流传开来。木屐在较湿润的亚热带气候下方便实用，在当时可能已普遍使用。但木屐可能只是良渚人的一种鞋子，毕竟脚部裸露，冬天并不御寒。因此，良渚人在冬季可能会使用兽皮缝制的鞋子，或者使用木板底加麻布鞋帮合成的鞋子。当然，纯粹用麻布缝制的布鞋，也不是没有可能。

平湖庄桥坟遗址随葬品中发现一木篦子[1]。据发掘者徐新民介绍，此物为单边齿，但齿很密，故定为篦子，出土时压在墓主头下。一般来说篦子是双边齿，排齿密度大，可以把头发上的一些油泥和虱子刮下来，起到清洁头发的作用；梳子是单边齿，排齿较疏，主要用来理顺头发。以单边齿而言，庄桥坟出土的“木篦子”还是称“梳子”为妥，真正的篦子可能没有那么早出现。在当时，梳子既可梳理头发，也可作为束发饰物。考古发现的大量冠状玉梳背，显然是良渚贵族使用的一种仪式性头饰，其朽烂部分就是插入头发的梳子。杭州水田畈遗址也发现有残木梳，虽然残损严重，但梳齿十分明确。1982 年常州寺墩遗址还发现过一件骨梳，平背上有凸棱，梳齿共九根，磨制甚精；宽 3 厘米，高 3.2 厘米，齿长 2.2 厘米[2]（图 2–48–3）。因个体较小，发掘者认为是陶器上戳点刺纹的工具，其实可能还是头上装饰的梳子，梳子背部的凸棱用来套接玉质梳背，梳齿短是因为要插在发髻上，梳齿长了反而容易掉下来。而象牙梳在马家浜文化时期就已出现，嘉兴吴家浜遗址 M5 内就发现了一件长条形的象牙梳子，器表还有阴刻线和同心圆装饰，长 21.1 厘米，宽 4.1 厘米，齿长 6.5 厘米[3]（图 2–48–1）。海盐周家浜遗址则出土了良渚文化带玉质梳背的象牙梳（图 2–48–2）。笔者推断，良渚时期现实生活中的大部分实用梳子应该是木梳，部分可能为骨梳或象牙梳。

钟家港还发现一件拐杖形棍状器，头端削尖，把部弯曲，长约 64 厘米（图 2–49）。因长度有限，无法断定是否真的是当时使用的拐杖。

---

［1］徐新民：《平湖庄桥坟——良渚墓葬数量发现最多的遗址》，见《浙江考古新纪元》，科学出版社，2009 年，第 95—99 页。

［2］南京博物院：《1982 年江苏常州武进寺墩遗址的发掘》，《考古》1984 年第 2 期，第 109—129 页。

［3］浙江省文物考古研究所、嘉兴市博物馆：《嘉兴吴家浜遗址发掘简报》，见《马家浜文化》，浙江摄影出版社，2004 年，第 35—44 页。

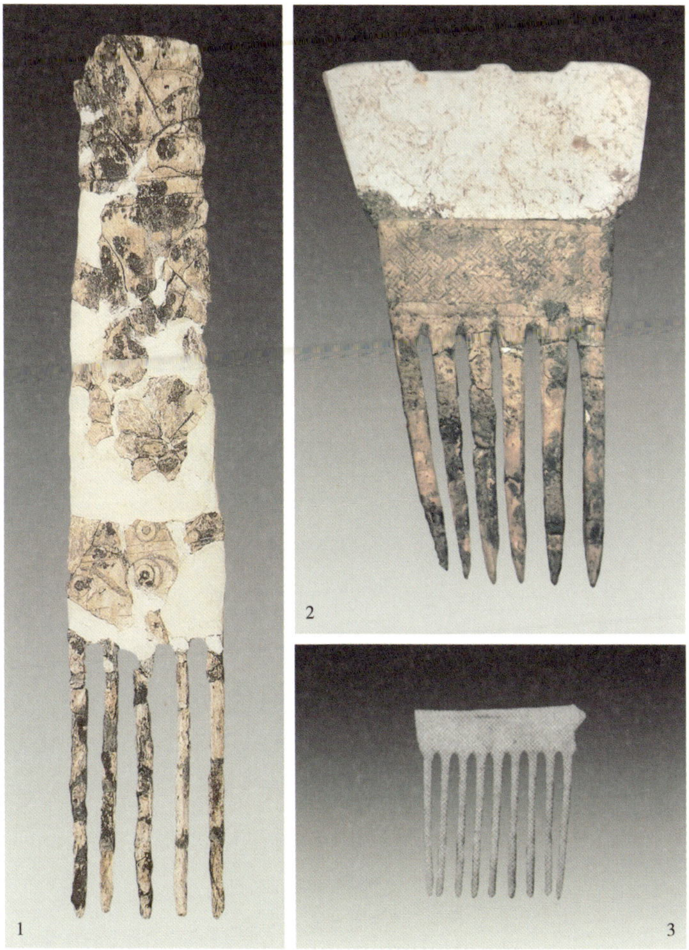

图 2-48　象牙梳及骨梳

图 2-49　钟家港拐杖形器

五、武　器

良渚文化的兵器一直是个谜。从考古资料来看，跟兵器相关的器物以石镞和石钺数量最多，它们应该是良渚文化主要的兵器。石镞多见于地层，墓葬中偶有发现——少则一件，多则数件，成组堆放。石镞可以射杀人类也可以射杀野兽，石钺可以砍人也可以砍动物，但目前还无法区分这两者作为武器和狩猎工具的差异。

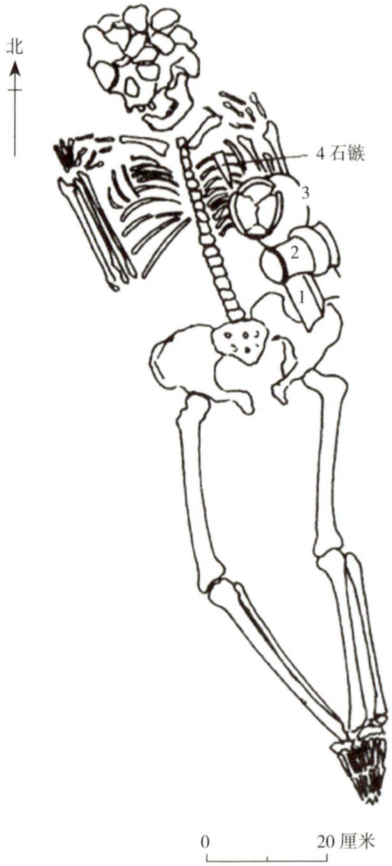

图 2-50　马桥 M5 石镞杀人例子

上海马桥遗址 1993—1995 年发掘的 M5 是一座良渚文化女性墓，下臂折向肩部，显示上身被缚，双脚并拢似被捆绑，左胸部露一件石镞，镞锋斜插入肋骨[1]（图 2-50）。墓主可能是犯了某种不可饶恕的罪行，被捆绑着射杀致死，这是目前发现的唯一一个用石镞杀人的考古证据。奇怪的是，已经出土的成百上千枚石镞，器身基本看不出有血渍；如果没有折断，照理是可以重复利用的，这样还会造成不同个体的血渍叠加。

石钺多出自墓葬，且仅见于男性墓，大部分也没有开锋或使用痕迹。地层或其他遗迹出土的石钺，部分有使用痕迹，主要表现在刃部有不同程度的崩疤。2017 年，钟家港遗址北段出土一块黑皮陶豆盘残片，盘面用简笔画方式刻绘了一个武士形象，武士直立，圆头长颈，窄长方形躯体，双腿微曲，两手平伸，左手握一把带柄石钺，右手持一个长方形盾牌；盾牌内刻画斜方格纹，武士躯体也刻画了斜方格纹，表明其上身穿戴着铠甲类防护服。因资料尚未公布，暂不能提供图片，但这幅图像无疑是良渚时期武士形象的突破性注解。

当然，石镞要绑缚箭杆，还要有弓才能发挥作用，带杆的石镞还需要装在箭箙中；石钺则必须装柄才能挥舞杀伐，因此，石镞和石钺都离不开木材或其他有机质材料的辅助。

从历史时期青铜镞的出土情况看，其箭杆以细竹竿为主，有的外表还涂饰

[1] 上海市文物管理委员会：《上海市闵行区马桥遗址 1993—1995 年发掘报告》，《考古学报》1997 年第 2 期，第 197—224 页。

漆膜。良渚石镞的箭杆可能也为细竹竿，因为竹子有纹理，容易劈削，本身弹性也很好。有些石镞的铤部发现横向朱漆痕，可能就是箭杆涂漆的外溢部分。既然当时拥有那么多石镞，弓是一定存在的，可惜良渚文化考古发掘中至今未见弓的踪迹。不过距今 8000 年前的跨湖桥遗址发现过一张漆弓，此弓于 2002 年出自跨湖桥遗址 T0512，残长 121 厘米，以桑木边材制作，细长直挺，截面扁圆；中间为柎手部位，两端略细，一端尚有扎弓的槽口，器表有斑驳的漆皮。这样看来，良渚时期有弓也就不足为奇了，并且大概率也为木材制作。桐庐小青龙遗址 M7 发现髹漆的箭箙，里面有三枚石镞[1]，说明当时的带杆石镞是有正规装载工具的。而钺柄虽然没有实体保存，有痕迹的也已发现多例，有的表面还刷了漆膜。

会不会有纯木质的兵器？河姆渡遗址第一期发现了 42 件木矛，全用硬木制作，器形规整，器表留有不少磨制痕迹，部分有焦化痕迹，有的器表似有一层黑色涂料（疑似黑漆），可分柳叶形和有铤形二型[2]。良渚的木矛也有发现，庙前第一、二次发掘中，在灰沟内出土过一件木矛，长菱形，有短铤，头部稍残，看起来经过烧灼，长 22.5 厘米[3]。从其大小和头部经过硬化处理来推断，这件器物装柄后应该是件实用的兵器（图 2–51–1）。30 年后，钟家港遗址也发现一件木矛，同样为长菱形，双面有微弱的突脊，铤部残断，其木杆可能与矛头原为一体削制，残长 11.1 厘米（图 2–51–2）。木矛相当于冷兵器中的红缨枪或刺刀，适合搏杀，也可拆挡石钺等砍杀器。这类武器在良渚时期应该比较常见，但因是有机质材质，故难以保存下来。由此也启示我们，良渚文化的兵器系统还应有更广的视角，不能忽视有机质武器的存在。钟家港陶器刻纹中的盾牌，包括武士身上的铠甲，也应是藤编类有机质材料。考古发掘中恐怕永远发现不了此类实物，如果没有这类图像资料，我们不敢想象会有这种盾牌和铠甲。

2006 年在杭州市西郊的余杭镇南湖发掘中，意外地在古河道厚厚的沙土层中出土了三把剑形木器：一件为小号木剑，有剑首和剑格，剑身较窄厚，残长 45.5 厘米（图 2–52–1）；一件把手很浅，器身截面呈扁圆形，可能为洗衣时拍打衣服

[1] 浙江省文物考古研究所、桐庐博物馆：《小青龙》，文物出版社，2017 年，第 39 页。
[2] 浙江省文物考古研究所：《河姆渡》，文物出版社，2003 年，第 133—136 页。
[3] 浙江省文物考古研究所：《庙前》，文物出版社，2005 年。

图 2-51　木矛

的棒槌，长 57.5 厘米（图 2-52-2）。此外，还有一件髹漆的木剑保存十分完好，通长 86 厘米，造型之美完全超乎我们想象。从共存的陶器特征判断，这些器物的年代在良渚文化至马家浜文化之间，也即属于新石器时代晚期的遗物[1]。髹漆木剑后来做过测年，距今 4500 年左右，看来它属于良渚文化时期；其他两件可能是同一时期，也可能早于它。木剑在良渚时期出现，也超出了我们的认知范围，如果年代无误，最大的可能是祭祀用的法器。

[1] 中国江南水乡文化博物馆：《考古余杭——新石器时代》，西泠印社出版社，2012 年，第 140 页。

1

2

图 2–52 南湖木剑和棒槌

六、娱 具

娱具通俗讲就是娱乐工具。良渚时期最常见的娱具是陀螺，它主要是儿童玩具，成人或许也有兴趣玩耍。大部分陀螺为木质，庙前第三次发掘时还出土了陶陀螺。

良渚文化的木陀螺，主要出土于良渚古城地区，以卞家山、钟家港遗址发现最多，庙前、茅庵里等遗址也有批量发现。卞家山遗址共出土 28 件木陀螺，基本形状为上部呈圆柱形，下部为圆锥形。大小相差较悬殊，有的细长，有的粗矮。最大的直径 6.9 厘米，高 9.4 厘米；最小的直径 2.1 厘米，高 3.4 厘米。所用的材质也五花八门，有栗木、黄檀、榉木、松木、水黄棉、杨桐、糙叶树等。器身以素面为主，有的有一道或两道凹弦纹的装饰。除个别通体磨光，大部分陀螺留有明显的斧凿痕迹（图 2–53–1）。钟家港遗址出土的木陀螺有 30 多件，多样化的造型与卞家山基本相同，大小相差也较悬殊。其中有一件较特殊，两头尖，中间有凹槽，似乎是两个木陀螺同时制作，沿中间的凹槽切开就是两个陀螺个体（图 2–53–2）。庙前遗址先后也出土了多个木陀螺，大小相差较悬殊（图 2–53–3）。应该说，良渚文化的陀螺与现代的陀螺十分相似，数千年来几乎没有什么变化。所不同的是现代的陀螺皆为车床车出，规整圆润，另外尖部往往镶嵌钢珠。其实精致的良渚陀螺也十分规整，跟车床车出的几乎看不出差别，我们甚至怀疑，良渚时期就已有简单的车床。

1. 卞家山

2. 钟家港

3. 庙前

图 2-53　木陀螺

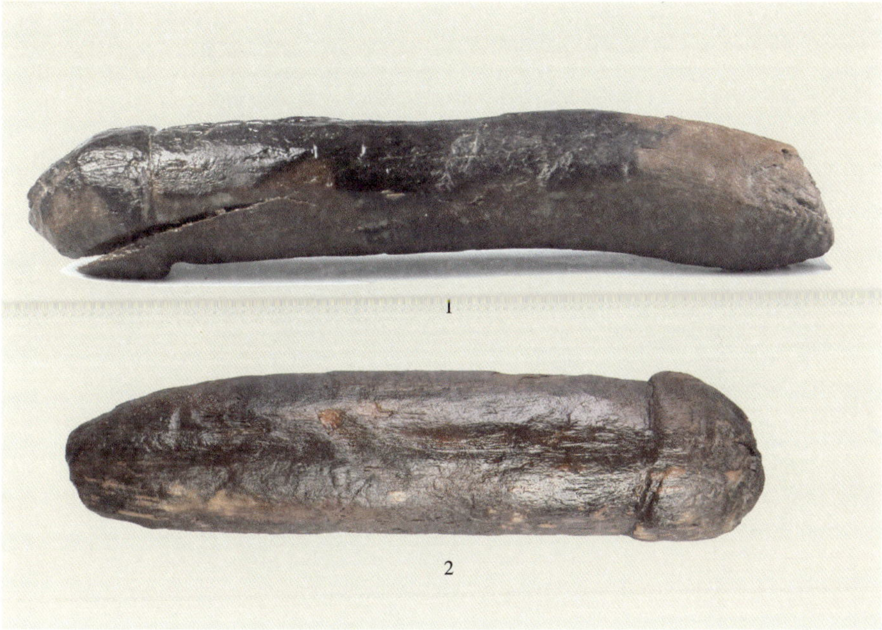

图 2-54　石前圩木祖

令人意外的是，2018 年安溪石前圩遗址发现两件木祖，茎体和龟头分明，其中一件表面局部有烧焦的炭层，似经过烧灼，龟头部分有裂痕，尾端有明显的割削痕，长 16 厘米；另一件呈雪茄形，龟头隆鼓，尾端也削成尖圆形，茎体似雕出了静脉的感觉，长 13.2 厘米（图 2-54）。考古发掘中这种成人用品始见于汉代，笔者 2016 年在余杭南湖曾发现汉代骨质的阳具，长约 20 厘米。良渚时期出现这种物品不会是出于男性崇拜，因为王权已经确立，并有了专门的信仰体系。由于尺寸和形态高度仿真，这两件木祖可能就是一种供享乐的成人娱具。

另外，卞家山还发现过直径 10 厘米多的木球，表面经过烧烤，可能也为娱乐器具。钟家港遗址发现的遗物中，有一件船形木器，两头尖翘，舱体可见斧凿痕迹。因为两端较为对称，有学者认为可能是一件木盘，不过作为实用器似乎做得不够精细，也没有使用痕迹，这件器物还是船的模型玩具可能性更大（图 2-55-1）。类似的木船模型在河姆渡文化田螺山遗址中也有发现，该木船尖头方尾，前部尖耸，后端低平，而且舱体较小，是非常典型的舟船造型（图 2-55-2）。

1. 钟家港

2. 田螺山

图 2-55　独木舟模型

七、葬　具

墓地的揭露和墓葬的清理，是良渚文化考古工作中相对做得较为充分的内容。迄今发现和清理的各种等级的墓葬已不下千数，有相当数量的墓葬能分辨出葬具痕迹。20世纪50年代水田畈遗址的发掘中，就在M3发现了由整段大木挖琢而成的弧形棺板，棺板表面还残留着红色漆皮[1]。奇怪的是，有相当长时期一线考古工作者认为，良渚文化的墓葬为平地掩埋，没有葬具。从最初认为平地掩埋，到找出墓坑，再到清晰剥剔出坑壁，又到发现木质葬具、确认有棺有椁，最终关注结构细节，显示了这项考古工作发掘水平不断提高的过程。

现在已经清楚，良渚墓葬基本都有木质葬具，只不过死者身份不同、等级不一，葬具形制会有所不同。除了高级贵族可能有考究的棺、椁结构，多数是单一的棺木。棺木的形态大多以粗大的独木劈成两半，分别掏成凹弧形，然后置于墓坑内一上一下扣合成为葬具。凹弧棺木两端有的敞开，有的设有挡板，有的挖凿时就有护壁。而外椁均呈长方形，由四面的木板拼合而成，盖板和底板通常也为拼合的平板。有的盖板和底板俱全，有的只有盖板。嘉兴地区还发现有两侧和底部皆平直的单体葬具，可以视为以椁代棺，或棺椁合一。由于葬具系木质，经过泥土中酸性成分数千年的侵蚀已很难保存，因此考古发掘中往往都已朽烂殆尽。不过有时也能够找到一些痕迹，比如有明显腐泥的地方可能就是棺木腐烂所致，有的还能看出木质纹理甚至木质纤维。总的来说，良渚时期的木质葬具主要为凹弧底的独木棺，也有少量平底箱式棺，高级别的贵族墓葬往往棺椁兼备。从桐乡普安桥和海宁小兜里的墓葬清理来看，良渚木椁是直接搭建或套合在独木棺上，这与后期的箱式木椁有很大的区别。在有木椁的良渚显贵大墓中，独木棺底部还有承接稳定独木棺的凹弧状“棺床”，就无须椁底板了[2]。

根据葬具板灰的腐泥及纵向纹理，一些保存较好的墓葬能揭示出葬具的形态（盖板多较轻薄，塌陷后往往无法分辨形状），有的葬具还保存着木质纤维。1973年，嘉兴双桥遗址清理了良渚文化墓葬3座，其中M3葬具系由整段原木加工成的凹槽

[1] 浙江省文物管理委员会:《杭州水田畈遗址发掘报告》,《考古学报》1960年第2期。

[2] 方向明:《良渚墓葬》，浙江古籍出版社，2022年。

式棺，棺木朽烂殆尽，但木痕纹路相当清晰[1]。1986 年 1 月，德清辉山遗址 M2 墓坑内发现两层木板，残存厚度为 0.2—0.3 厘米，均不呈水平状，上、下层间现存高度约 20 厘米，墓坑北端亦有横向木挡板，下层木板及墓北端木板与墓坑间隔 2—4 厘米不等，应是略小于墓坑的木棺。从现场观察，底层木板呈凹弧状，应是独木刳凿而成[2]。1988 年和 1990 年，庙前遗址经过两次发掘，共清理良渚文化墓

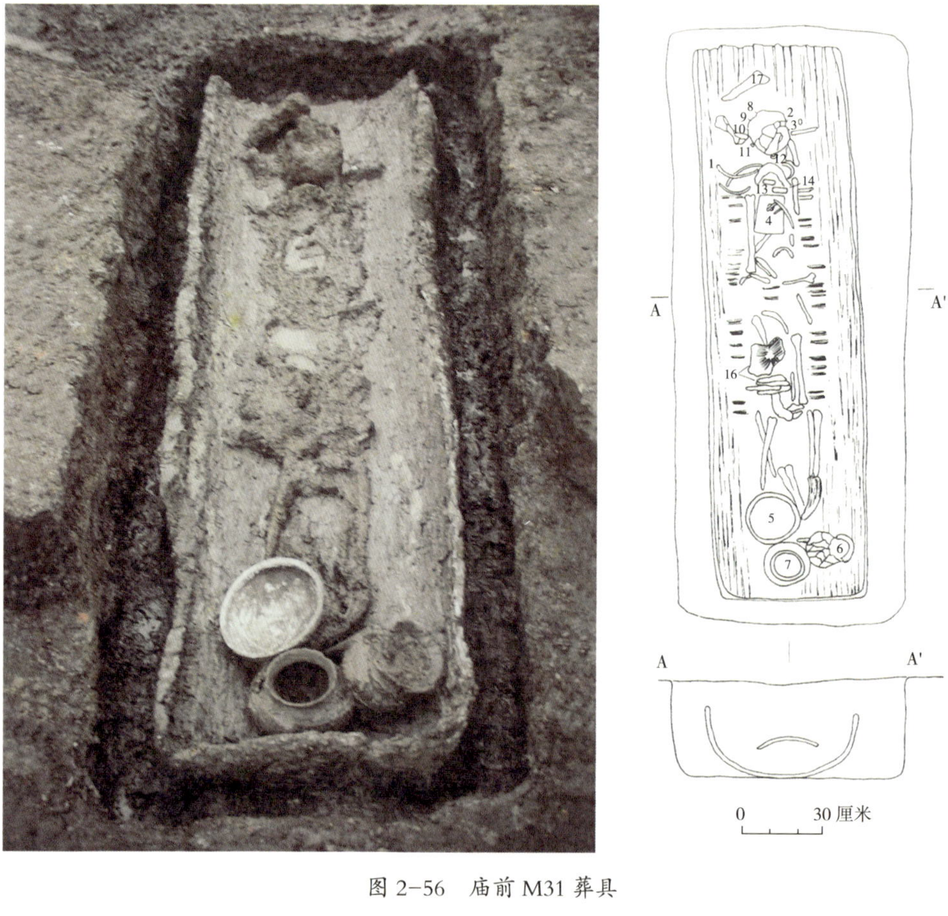

图 2-56　庙前 M31 葬具

[1] 浙江省文物考古研究所：《嘉兴双桥遗址发掘简报》，见《浙江省文物考古研究所学刊》，科学出版社，1993 年。

[2] 浙江省文物考古研究所：《浙江北部地区良渚文化墓葬的发掘（1978—1986）》，见《浙江省文物考古研究所学刊》，科学出版社，1993 年，第 89 页。

葬 32 座，部分墓葬被剥剔出木质葬具。其中 M31 清理出一具保存完整的独木棺，盖板呈凸弧状，中部已塌陷，底板呈凹弧形，一端存有挡板，西外侧有五根小支撑木桩；棺长 230 厘米，上端宽 60 厘米，残高 26 厘米[1]（图 2–56）。1991 年，余杭上口山遗址经过精心剥剔和解剖，发现同一墓地存在同样规格的两种木质葬具：一种凹底，一种平底，板灰厚度均约 2.5 厘米[2]。2000 年发掘的余杭石前圩遗址，清理 M2 时发现了新鲜的葬具木质表皮，表皮下的木料虽已成腐泥，但从剖面能清晰看出板材的厚度——盖板腐泥厚度为 1—2 厘米，垫板腐泥厚度为 2—5 厘米。盖板的板材较匀称，弧形上鼓，中部断裂下陷；垫板则中间较薄，外侧较厚，且形成两块凹弧的木板对称分布，间距 7 厘米，疑为弧形独木断裂所致[3]（图 2–57）。卞家山墓地的 66 座墓葬中有 25 座发现了葬具痕迹，其中 M66、M61、M56、M53 的葬具木质纹理特别清晰（图 2–58），其他墓葬有的局部保存较明显的板灰痕迹，有的虽已成为有机质腐泥，但葬具范围大体可以辨识。M66 是葬具保存较好的墓葬之一，葬具由底板和盖板扣合而成。底板凹弧，木质纹理十分清晰；盖板上弧，一侧塌扁，木质纹理也很清楚。M61 是另一座葬具保存较好的墓例，该墓也由盖板和底板扣合而成，底板完整，盖板从中间断裂塌陷，剖面呈

图 2–57 石前圩 M2 葬具及解剖

[1] 浙江省文物考古研究所：《庙前》，文物出版社，2005 年。

[2] 浙江省文物考古研究所：《浙江余杭上口山遗址发掘简报》，《文物》2002 年第 10 期。

[3] 浙江省文物考古研究所发掘资料，由笔者主持。

1. 卞家山 M66 盖板

2. 卞家山 M66 底板

3. 卞家山 M61 葬具

4. 卞家山 M56 葬具

图 2-58　卞家山葬具

M形，两端还有挡板。M56的葬具底板木质纹理特别清晰，两端有挡板，棺内有器物顶着挡板。M53也能分辨盖板和底板，清理时作了解剖。从这些墓葬的板灰情况来看，两块凹弧的刳木上下相扣，代表了当时流行的葬具。2004年，良渚横圩里遗址清理26座良渚墓葬，有多座墓发现有葬具痕迹，其中M21内的凹弧形独木棺保存了清晰的木质纹理，经解剖局部还可以看到新鲜状态的木质纤维[1]（图2-59）。需要一提的是，2005年卞家山大型灰沟中发现一块丝毫没有腐朽的微弧形木板，壁厚约4厘米，很可能就是良渚时期弧形葬具的真实样貌。根据板灰痕迹和腐泥范围推断，卞家山墓地成人墓的葬具长177—235厘米、宽50—65厘米，小孩墓的葬具长100—120厘米、宽28—35厘米（图2-60）。考虑到腐烂后葬具受挤压有所变形，同时制作时需有一定的余量，推测用来制作棺木的木料直径大体应在30—70厘米之

图2-59　横圩里M21葬具及纤维特写

[1] 浙江省文物考古研究所发掘资料，由笔者主持。

图 2-60　卞家山疑似棺木

间，截取的长度则在 100—235 厘米之间。而良渚古城地区就在天目山系东侧，山林资源极为丰富，选取这般粗大的木料应该不是难事。

高等级墓葬中，反山墓地最早发现葬具。鉴于当时江苏和上海都发现了随葬大量玉器的高等级良渚大墓，反山考古队对大墓棺椁的清理给予了高度重视，在第一时间确认了墓穴开口，按照分层剥剔、逐层清理的原则，不但在玉器组合配伍的认知上取得了重要突破，还在棺椁葬具的读识上取得了前所未有的进展[1]。比如反山 M14 墓底筑有棺床，棺床四周的浅沟深约 20 厘米，棺床略呈凹弧状，置放独木棺后再套盖框形木椁。汇观山 M4 也是棺椁痕迹较为清楚的一座显贵墓葬，平面上呈“回”字形，棺椁的两侧板略出头，板灰厚度 4—5 厘米，椁长 387 厘米，宽 176 厘米，两边侧板长 410 厘米；棺长 270 厘米，宽 100 厘米，两侧板长 290 厘米[2]。反山墓地的“棺床”则大多呈凹弧形，随葬品从两侧向中部倾斜，造成玉璧、石钺等部分器物因撞击而破碎的现象。“棺床”表面能剥剔出板灰痕迹，板灰之上常有大片的朱红色涂层。少数“棺床”外侧还有一个约为“棺床”三分之一宽度的空间，其底部和侧壁都发现有竖向排列的板灰痕迹。从随葬品高差可达十余厘米判断，这一狭长的空间范

[1] 方向明:《良渚墓葬》，浙江古籍出版社，2022 年。
[2] 浙江省文物考古研究所、余杭市文物管理委员会:《浙江余杭汇观山良渚文化祭坛与墓地发掘简报》，《文物》1997 年第 7 期。

图 2-61　后杨村 M4 盖板

围很可能就是椁室所在[1]。2006 年，良渚安溪后杨村 M4 再次发现保存良好的葬具，虽然已塌扁，但仍可看出弧凸状的棺盖和下凹的棺身，棺盖上还等距矗立着 3 件琮式柱形器[2]（图 2-61）。2008 年，临平灯笼山遗址 M11 发现保存较好的葬具，隆鼓的盖板和下凹的底板能够清晰剥剔（图 2-62）。

嘉兴地区的考古工作也较频繁。普安桥遗址从土墩上清理出 17 座良渚墓葬，因为工作细致认真，大半墓葬发现有葬具痕迹。这些葬具中有的为单棺，或为平底的箱式，或为凹弧的独木棺式。木椁无底，仅以板材插在棺侧围成箱式，有的

［1］浙江省文物考古研究所反山考古队：《浙江余杭反山良渚墓地发掘简报》，《文物》1988 年第 1 期。
［2］浙江省文物考古研究所：《浙江考古新纪元》，科学出版社，2009 年，第 132 页。

图 2-62　余杭临平灯笼山 M11 葬具

椁板侧有类似柱洞的痕迹，与庙前发现的用来支撑的小木桩一样，用来固定椁板。有的木椁平面呈“井”字形，有的尚可辨别榫卯结构。此外部分木棺上发现棺盖痕迹，有的似为板材，有的以直径 10—15 厘米、略长于棺体宽度的圆木为之[1]（图 2-63）。而桐乡新地里发现的 140 座良渚墓葬中，有 23 座使用了木质葬具。这些墓葬所使用的葬具大致有以下三种：一是两侧与底部都较平直的长方形棺（椁）；二是外有长方形椁、内有弧棺的双重葬具；三是弧棺。其中数量最多的是第一种，规格较高的是第二种[2]。新地里 M98 代表了第二种，设有棺、椁两重葬具，棺盖上弧，中间已折断，椁为平顶直边的长方形，棺椁底部难以区分（图 2-64）。

［1］北京大学考古学系、浙江省文物考古研究所、日本上智大学:《浙江桐乡普安桥遗址发掘简报》,《文物》1998 年第 4 期。

［2］浙江省文物考古研究所、桐乡市文物管理委员会:《新地里》，文物出版社，2006 年。

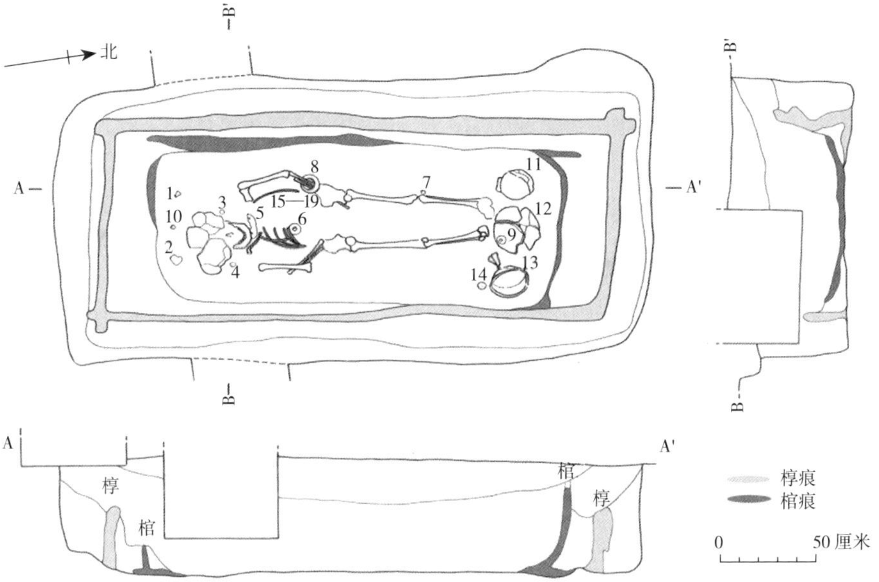

图 2-63　普安桥 M19 葬具

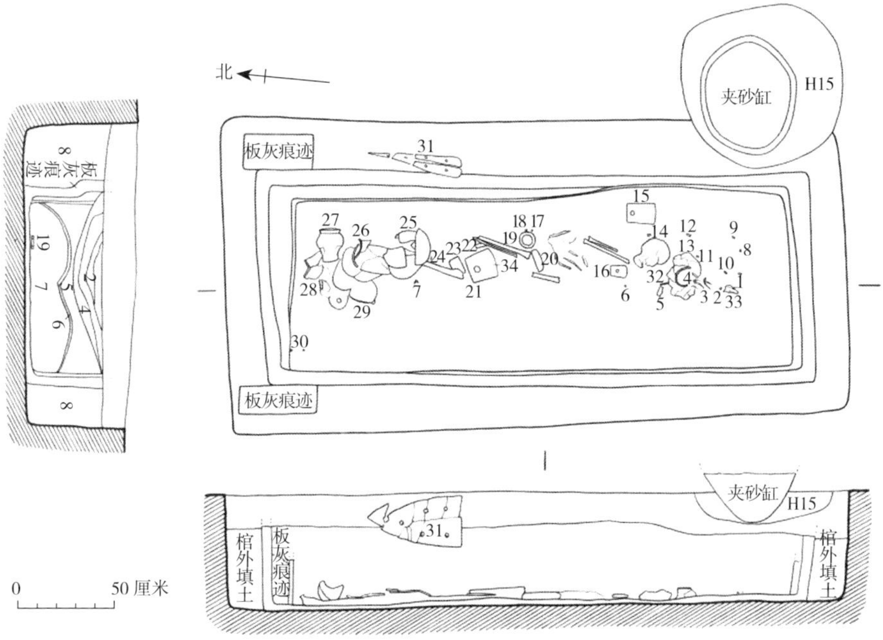

图 2-64　新地里 M98 葬具

平湖庄桥坟遗址共清理良渚文化墓葬 236 座，其中也有不少能分辨出葬具的形态乃至结构[1]。另据报道，上海金山亭林遗址发现的 23 座良渚文化墓葬中，有 5 座（M16、M20—23）使用了上下覆合的木板葬具[2]。海宁小兜里 M5、M6 的木椁直接搭建或套合在独木棺上，独木棺底部还有承接稳定独木棺的凹弧状“棺床”，因此无须椁底板[3]。

上海和江苏地区的良渚墓地也有葬具发现。1990 年，上海金山亭林遗址清理 5 座良渚墓，其中 4 座墓底发现有薄薄的木板葬具[4]。1999—2000 年，上海广富林遗址清理 23 座良渚墓葬，部分墓葬有葬具，葬具为凹弧形独木棺，有的还发现内外髹朱漆[5]。福泉山 M60（原 T21M4）为一长方形土坑的双人合葬墓，坑长 400 厘米，宽 170 厘米，深 285 厘米。坑内发现两具南北向呈长方形的葬具痕迹，东边一具较大，长 310 厘米、宽 80 厘米；西边一具较小，长 220 厘米、宽 70 厘米，形如多条卷曲的木板组成，上面有大片朱红色彩块[6]。福泉山吴家场 M207 是良渚文化晚期的高等级墓葬，墓坑残长 385 厘米、宽 200 厘米、深 90 厘米，棺底长 295 厘米、宽 90 厘米，棺木两侧及底部有明显的弧度，是整木对剖后制作而成的独木棺，棺盖和棺底均发现有红色髹漆痕迹[7]。江阴高城墩遗址最大的墓葬 M13 则呈现出另外一种形态的葬具结构。这座墓坑长 460 厘米、宽 360 厘米、深达 200 厘米的贵族墓葬，只有木椁而不见木棺，死者及随葬品直接放置在木椁底板上。木椁的做法却很考究，椁室底部四根直径达 30 厘米的圆木用榫卯结构套合成长方形木框底座，东西向两根较长的圆木插入南北两根较短的圆木中。底座之上铺设

---

［1］徐新民、楼杭、程杰等：《浙江平湖庄桥坟发现良渚文化最大墓地》，《中国文物报》2004 年 10 月 29 日。

［2］上海博物馆考古部：《上海金山区亭林遗址 1988、1990 年良渚文化墓葬的发掘》，《考古》2002 年第 10 期。

［3］浙江省文物考古研究所、海宁市文保所：《小兜里》，文物出版社，2015 年。

［4］王正书、孙维昌：《上海市金山县亭林新石器时代遗址》，见《中国考古学年鉴·1991》，文物出版社，1992 年，第 166 页。

［5］上海博物馆考古研究部：《上海松江区广富林遗址 1999—2000 年发掘简报》，《考古》2002 年第 10 期，第 31—48 页。

［6］孙维昌：《福泉山良渚文化墓地剖析》，《南方文物》1993 年第 3 期，第 20—27 页。

［7］上海博物馆：《上海福泉山遗址吴家场墓地 2010 年发掘简报》，《考古》2010 年第 10 期，第 46—65 页。

东西向厚达 6—7 厘米的底板，底板之上放置椁箱，椁箱底部外侧再用圆木做成的方框固定。椁室顶部用宽越 20 厘米、厚逾 6 厘米的五块木板覆盖，整个椁箱长 300 厘米，宽 150 厘米，高约 120 厘米[1]（图 2-65）。江苏兴化蒋庄遗址于 2011—2015 年在遗址西区清理了良渚文化墓葬 284 座，不少墓葬保存有完整葬具。保存最佳的是 M158，凹弧的独木棺长 238 厘米，宽 90—96 厘米，两头有不到头的挡板[2]（图 2-66）。

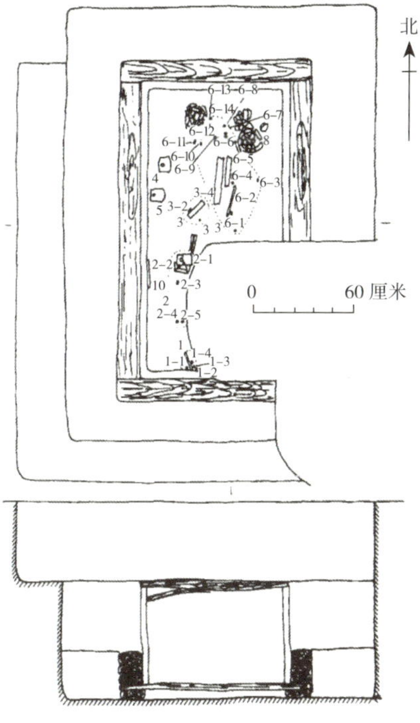

图 2-65　高城墩 M13 葬具

图 2-66　蒋庄 M158 葬具

[1] 江苏省高城墩联合考古队：《江阴高城墩遗址发掘简报》，《文物》2001 年第 5 期。

[2] 南京博物院：《江苏兴化、东台市蒋庄遗址良渚文化遗存》，《考古》2016 年第 7 期；林留根、甘恢元、闫龙：《跨越长江的良渚文明——江苏省兴化、东台蒋庄遗址发掘取得重大收获》，《中国文物报》2016 年 1 月 19 日。

图 2-68　卞家山穿孔梭形器

图 2-67　马家坟头形木器

除了上述七大类木质遗存，良渚文化还出土了一些我们尚无法判定或难以归类的木器。如良渚马家坟遗址 G1 内出土的一件矮圆柱形带把的木器，柱体朝上，一侧似有面部五官，看起来像个人头；柱体朝下，又似一个大木杵[1]（图 2-67）。而卞家山遗址出土的一件大体量梭形穿孔木器，也不知作何用途（图 2-68）。庙前第五、六次发掘时，还出土了一件支座形残木器，无法判断是什么器物的基座。

[1] 浙江省文物考古研究所：《马家坟遗址的发掘》，见《庙前》，文物出版社，2005 年。

第三章

良渚漆器

中国不仅是世界上用漆历史最悠久的国家，也是出土漆器最多的国家。目前所见对漆器的最早记载出自《韩非子·十过》："尧禅天下，虞舜受之，作为食器，斩山木而财（裁）之，削锯修之迹，流漆墨其上，输之于宫，以为食器。"这段话也暗示早期漆器多以食器为主，后来慢慢细化并延展到其他器具，包括食具、酒具、祭器、兵器、日用品、陈设品、家具、葬具等等。考古发现中国最早的漆器距今8000多年，经过不断实践和改进，到距今5000年前后的良渚文化时期，漆艺技术有了长足进步，漆器制作迎来了史前时代的高峰。

漆器是木器的升级产品，绝大多数以木为胎，不仅胎体制作追求细腻规整，髹漆的程序也更为复杂。由于工艺繁复，要求较高，漆器的产量和应用范围大大小于木器。考古发现的良渚漆器大体有三类：一是容器，二是持器，三是葬具。容器以觚为主，其他有豆、盘、盆、杯等；持器多指器物上髹漆的木柄，多见于钺柄，个别为剑柄甚至全身木雕的漆剑；葬具因为体积较大，几乎看不出全貌，但墓葬清理中局部能发现棺木的髹漆痕迹，有的还有彩绘图案。因此，考古发掘中能以立体实物形态出现的几乎均为髹漆容器，虽然免不了残损，但胎体尚存，漆膜依旧，有一部分尚可修复完整。经过化学保护处理，部分漆器还能在博物馆展厅中陈列展示。

一、容　器

良渚时期最常见的漆器为容器。虽然制作难度大，产量有限，但优点也很突出：一是造型规整有致，二是有漆膜保护故防腐耐酸，三是色泽艳丽。因此，漆容器既具有实用功能，可作为盛器或饮器；又艳泽美观，可作为陈设品；外表颜色以红黑为主，庄重敦穆，也适用于仪式场合。因为是容器，部分器型仿自陶器，比如豆、盘、杯等，与同类陶器的造型基本一致，有的甚至连胎体厚度也颇为接近。也有部分器物自成一家或别出心裁，比如漆觚就没有陶质的同类器，双立耳盆也不见于陶器，鸟首形器和兽面纹把杯更是独具特色。很显然，漆器是一种超越陶器和木器，具有更高品质的高端产品。由于陶器和木器能够满足日常生活中所有的用途，漆器的产生必定另有所需，主要应该是仪式活动中的道具或祭器，因此，它是史前社会文明化进程中的产物，是良渚文明塑造的参与者。

目前已在十多个遗址发现了良渚漆器，可辨器型的漆器总数不足百件。器物种类有觚、豆、盘、盆、钵、杯、筒形器、方盒、托盘等，其中漆觚的数量最多。发现最多漆器的是良渚古城地区的卞家山遗址和钟家港遗址，这也暗示了漆器与权力和信仰的关联性。卞家山发现漆器 30 件，钟家港也有 20 多件。主要的器型为漆觚，两处合计共有十多个漆觚个体，其余为漆豆、漆盘、漆盆、漆杯、筒形漆器、立耳漆盆等。从保存状况来说，这两处遗址的漆器品相也属于最佳，不但胎体硬实，漆膜还很鲜亮，并有多个彩绘标本。但从等级上看，反山、瑶山墓地的嵌玉漆器自然规格更高。反山贵族墓地的漆器因为胎体朽烂，仅存朱漆残迹，故器物形态难以判定。但反山漆器的造型、纹样和嵌玉工艺，都显示这些漆器品质上乘，等级极高。反山 M12 嵌玉漆器，经修复后呈现华丽身姿，器表嵌满 141 颗大小不一的白色玉粒，玉粒周围以朱漆描绘重圈和卷云纹，犹如星云密布的浩瀚宇宙。反山 M12 还出土一件圆盘形漆器，正面中央嵌一块微鼓的圆形玉片，内面和朱漆外廓则嵌有 181 颗米粒状玉粒。此外，反山 M22 和 M23 分别出土了两件带玉塞的囊形漆器，一件呈细颈扁圆形，一件呈干瘪的气球状，表明良渚时期已能将漆膜涂覆于软性材料上，并能确保在使用过程中不致剥落，这在史前时期应是一项创新性的黑科技[1]。瑶山贵族墓地也发现有多件漆器痕迹，其中 M9 发现的嵌玉高柄漆杯，后来被判定为嵌玉漆觚，它应是良渚漆觚的豪华形态[2]。看

[1] 浙江省文物考古研究所:《反山》，文物出版社，2005 年。
[2] 浙江省文物考古研究所:《瑶山》，文物出版社，2003 年。

来，漆器不但是现实生活中的仪式用品，还是跟玉器一样显示身份等级的高级随葬品。

按照工艺和装饰来划分，上述漆器可分为素器、镂刻器、彩绘器、嵌玉器，还有少量软胎器。以下按类别举例介绍。

（一）素　器

标本有多件，器型有杯、筒形器、盘、盆、钵、托盘等。钟家港 T2621 黑漆杯，直口尖唇，直壁，底部不存；口部外侧饰两组细弦纹，每组各有两道细线槽；内外均髹黑漆，光泽度较好；残长 10.4 厘米，残宽 7.1 厘米，壁厚 0.68 厘米（图 3–1）。卞家山 G1 ②:171 筒形器，整木挖凿，器身呈椭圆形，敛口尖唇，直腹略鼓，底部厚实内收，底面平；外壁髹朱漆，底部涂黑漆；内壁未髹漆，加工圆润，木质纹理十分清晰；口径 8—12.7 厘米，底径 7—11.3 厘米，高 18.2 厘米（图 3–2）。卞家山 G1 ①:139 漆盘，平折沿，折腹，底近平；折棱下有一圈浅槽，似为圈足残断痕；盘内及外侧涂饰朱漆，外侧底部未髹漆；直径约 45 厘米，残高 5.4 厘米（图 3–3–1）。卞家山 G1 ①:140 圈足盘，直口方唇，折腹，浅圜底，残存部分圈足；盘内及外侧涂饰朱漆，圈足底部未髹漆；直径约 30 厘米，残高 6.2 厘米（图 3–3–2）。卞家山 G1 ②:206 漆盘，残存一半，器物碎裂变形，直口折沿，浅腹，大平底；盘内及外侧涂饰朱漆，外底未髹漆；直径 25 厘米，残高 3.2 厘米（图 3–3–3）。钟家港 T1505 圈足盘，斜直口，浅弧腹，大圈足；内外皆髹红漆，外壁腹底与圈足

图 3–1　钟家港漆杯（T2621）

图 3–2　卞家山筒形器（G1 ②: 171）

1. 卞家山 G1 ①:139
2. 卞家山 G1 ①:140
3. 卞家山 G1 ②:206
4. 钟家港 T1505

图 3-3　良渚漆盘

图 3-4　钟家港漆钵（T1408）

交接处涂饰黑漆；残长 25.5 厘米，残宽 18.9 厘米，残高 6 厘米（图 3-3-4）。钟家港 T1408 钵形器，直口残，弧腹，平底；胎壁薄，器物有所变形；底腹交接处饰两圈折叠的凸弦纹，底部中间烂通；外表髹朱漆，内壁口部也有约 3 厘米宽的朱漆，底部及内壁其余部分髹黑漆；直径 27—31.5 厘米，高 13.5 厘米（图 3-4）。钟家港 T1310 红漆托盘，长方形，平底，边围低矮，边围外侧在底部弧收，残长 19.3 厘米，残宽 7.4 厘米，高 3.5 厘米，盘深 2.2 厘米[1]（图 3-5）。良渚遗址群之外，江苏省昆山市正仪镇绰墩遗址 F11 内出土一件漆木杯，形似碗，口已残缺，圆弧腹，圈足。有把手，也已残缺，腹部饰一圆圈纹。器表涂有漆，外红内黑。最大腹径 10.5 厘米，底径 7.2 厘米，残高 7 厘米[2]（图 3-6）。此漆杯是目前在苏南一带发现的最为精美的良渚漆器。

[1] 浙江省文物考古研究所资料。钟家港漆木器基础资料由廖文艳整理提供，下同。

[2] 苏州博物馆、昆山市文物管理所、昆山市正仪镇政府:《江苏昆山绰墩遗址第一至第五次发掘简报》,《东南文化》2003 年增刊 1，第 1—41 页。

图 3-5 钟家港朱漆托盘（T1310）

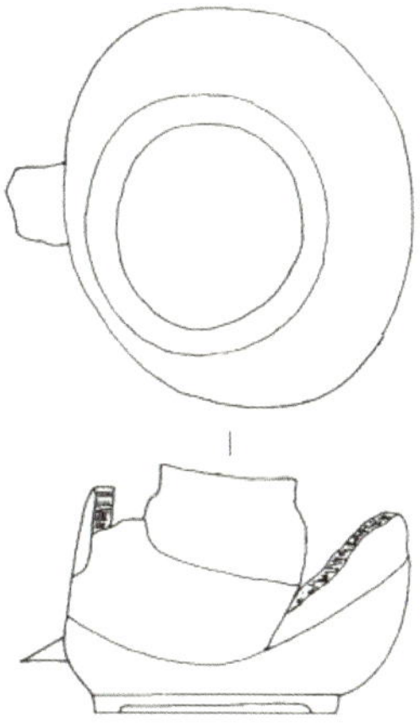

图 3-6 绰墩漆杯

（二）镂刻器

主要为漆觚，其外表大多镂刻有螺旋式凸棱和平圈凸棱，此外，漆豆的豆把往往刻凿有一圈至两圈凹弦纹，个别方盒带有镂孔。卞家山 G1 ②:124 漆觚，敞口束腰，最小径靠近底部；出土多块残片，可拼成由底至口纵向三条觚体；外饰两组螺旋凸棱，上组凸棱有三四圈，下组凸棱仅两圈；器表髹黑色底漆和朱红面漆，内腔涂黑漆；底面内凹，底端内腔有木塞印痕；高 26 厘米（图 3-7-1）。卞家山 G1 ②:207 漆觚，敞口束腰，最小径靠近底部；出土时为多个碎块，可拼合成一个侧面；外饰两组螺旋凸棱，上组四圈，下组两圈，凸棱纤细，凸脊部分未涂漆，外壁其他部分涂满朱漆；底部内凹，未涂漆；内腔粗糙，似涂有黑漆；内腔底部留有木塞印痕；高 26 厘米（图 3-7-2）。卞家山 G1 ②:131 漆觚，保存六块残片，可错位拼合出漆觚的全高；器体下部琢有两条突棱，以黑漆涂饰；器表其他部分皆涂朱漆；内壁口沿 3 厘米范围也涂朱漆，底部内凹，嵌入其他材质的木塞后涂抹朱漆，整个底部已变形为扁圆形；器高 22 厘米（图 3-7-3）。钟家港 T1309 漆觚，呈压扁状，变形的胎体保存良好；敞口束腰，最小径近底部，小平底；外表有两组凸棱，腰部为螺旋形三圈，近底部为水平两圈；内腔粗糙，髹黑漆，外壁涂满朱漆；高 33 厘米（图 3-7-4）。钟家港 T1406 漆觚，残存由底至口一个侧面，敞口束腰，最大径近底部；中腰和下腰各饰两组凸棱，上组为三四道螺旋纹，下组为水平的两圈凸棱；外表髹朱漆，内腔粗糙，髹黑漆；高 29.5 厘米（图

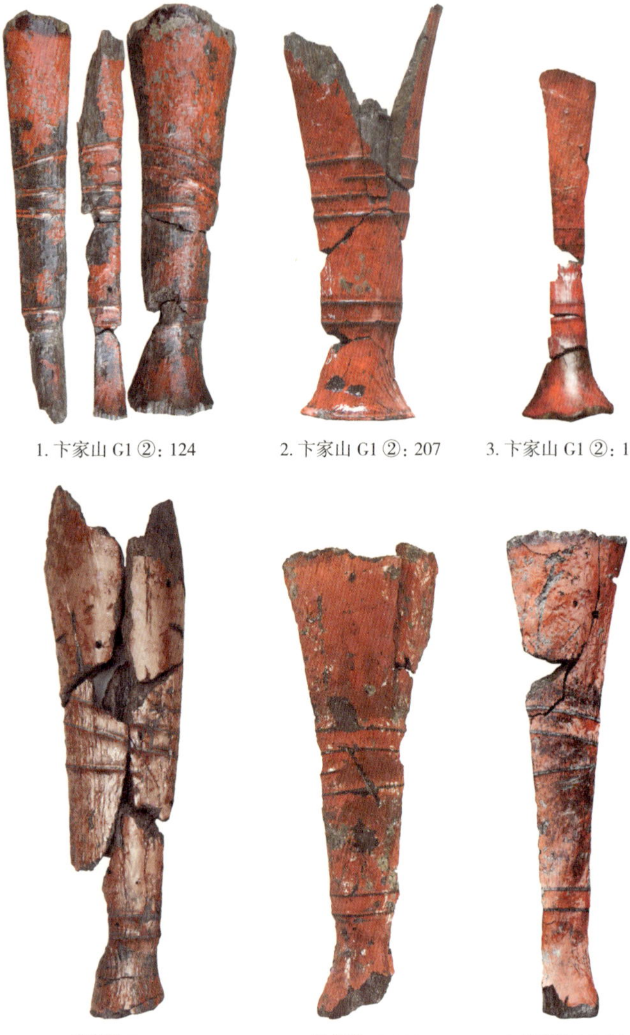

1. 卞家山 G1 ②：124　2. 卞家山 G1 ②：207　3. 卞家山 G1 ②：131

4. 钟家港 T1309　5. 钟家港 T1406　6. 钟家港 T2521

图 3–7　卞家山与钟家港漆觚

3–7–5）。钟家港 T2521 漆觚，残存纵向一长条，敞口尖唇，腹部饰两组凸棱，上组为螺旋形三段，下组为水平两段；器表髹红漆，内壁发黑，口沿涂抹红漆；高 30.3 厘米，残宽 8.1 厘米[1]（图 3–7–6）。

［1］浙江省文物考古研究所：《杭州市余杭区良渚古城钟家港中段发掘简报》，《考古》2021 年第 6 期，第 24 页。

卞家山 G1 ②:205 漆豆，造型与同类陶豆相似，直敞口，折腹，圈足较高，圈足上饰三道凹弦纹；胎壁匀薄，豆盘内及外侧涂饰朱漆，圈足内侧及底部未髹漆；口径 18.5 厘米，残高 13.8 厘米（图 3–8–1）。卞家山 G1 ②:236 漆豆，造型与同类陶豆相似，敞口斜直，折腹，圈足残，可见两道凹弦纹；胎壁匀薄，豆盘内及外侧涂饰朱漆，圈足内侧及底部未髹漆；残径 23 厘米，残高 7.8 厘米（图 3–8–2）。钟家港 T0519 漆豆，器底已烂通，残存豆盘局部和豆把局部，豆盘折腹，豆把上有两道凹弦纹；器表髹红漆，折腹与豆把交接处涂饰黑漆，圈足内及底部未髹漆；残长 28 厘米，残宽 22 厘米，残高 12 厘米（图 3–8–3）。钟家港 T0915 漆豆，残损严重，外壁斜直口，折腹，内壁斜弧腹，浅圜底，圈足粗大，残存两圈凹弦纹；外表及盘内髹朱漆，圈足内及底部未髹漆；残长 17.2 厘米，残宽 7.36 厘米，残高 7.4 厘米（图 3–8–4）。钟家港 T0820 镂孔方盒，整木雕琢，直壁方唇，

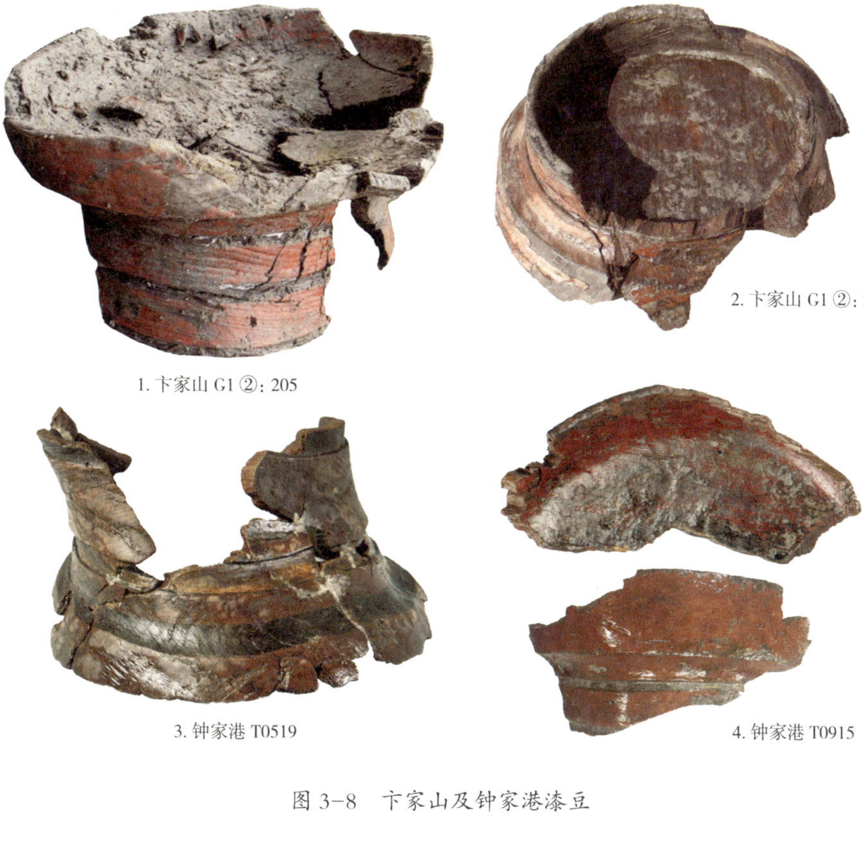

图 3–8　卞家山及钟家港漆豆

图 3-9　钟家港镂孔方盒（T0820）

图 3-10　钟家港鸟首形漆器（T2622）

平底，残；底面有四对尖圆形镂孔；外表、口沿及内壁残存斑驳的朱漆；长 14.4 厘米，宽 14.1 厘米，高 4.8 厘米，底厚 1.41 厘米，壁厚 1.46 厘米（图 3-9）。钟家港 T2622 鸟首形器是件残器，可能与容器无关，但它是一件圆雕器，属于雕刻艺术品。此器头部扁圆，凸眼，尖喙残，颈部连接镂空器身，器身也残；通体髹朱漆，凸眼部漆皮不存，有可能髹黑漆；残体呈直立状，貌似戴面具的蜘蛛侠；残长 7.1 厘米，鸟头直径 2.6 厘米（图 3-10）。

由于良渚漆觚是当时数量最多、用途特殊、影响颇广的器物，以下对其发现和辨识，以及形制分类作一个延伸解读。

1. 漆觚的发现和辨识

2003—2005 年，余杭卞家山遗址经过三次发掘，在临水的淤积层里出土了30件编号漆器，可辨器型有觚、豆、盘、筒形器等多种[1]。这次发现是良渚文化漆器的一个重大突破，不仅发现了多种漆器实物，也为墓葬中无法判定形制的有机质器物提供了参照。最大的收获是发现了漆觚，并且有8个个体，足以证明良渚文化存在漆觚，而且是最主要的一类漆器。由此，也使墓葬内发现的此类漆器得到了准确的器型认定。卞家山漆觚的高度大体在26—30厘米之间，器身大多装饰两组凸棱，上组呈螺旋形，下组为环形。有一件漆觚的两组凸棱区域，都描绘了黑底红彩的变形云雷纹。

卞家山灰沟内发现漆觚实物后，我们对墓葬内的漆器痕迹进行了核查，认为有部分也是漆觚。卞家山遗址共清理了66座良渚文化墓葬，保存漆器痕迹的有8座，其中M12、M21、M56、M61、M63五座基本能确定是漆觚。这些漆觚的残长在20—39厘米之间，考虑到漆觚的个体因压塌变形或大于实际尺寸，因局部残损或小于实际尺寸，我们认为大部分漆觚的实际尺寸应当集中在25—30厘米之间，即与卞家山灰沟内出土的漆觚实物基本一致。这样的尺寸也说明，墓葬内随葬的漆觚也应是实用器而不是粗制的冥器。另外，从漆觚在墓内摆放的位置来看，大多置于腿侧或脚边，而且相对于墓主人它都是正放的，即底部朝下（脚部），口部朝上（头部）（图3-11）。位置和朝向的相对固定，表明漆觚在墓葬内的摆放是有讲究和一定含义的。

以上墓例说明，卞家山墓地随葬漆觚并非偶见，如果墓内的保存状况更好一些，或许可以确定更多的墓葬随葬漆觚。不仅如此，卞家山墓地只是一处平民墓地，随葬漆觚的墓例均属平民墓葬。如此精美的漆觚出自平民墓葬，确实超乎我们的想象。由此也可推断，良渚时期的漆器制作业已较兴盛，部分漆器可在普通民众中使用。

扩大搜寻范围，其他墓地也有随葬漆觚的情况。如文家山M10:4明显也是漆觚，其漆皮痕迹同样位于墓主腿脚部，它是平民墓葬随葬漆觚的又一实例[2]。既然平民墓葬可以随葬漆觚，贵族墓内是否也有漆觚随葬呢？从已有的考古资料来看，反山M22:43嵌玉漆器也应为漆觚，此器位于墓主手部，残长19厘米，方向朝墓主右侧[3]。瑶山M9:78这件嵌玉漆器很可能也是漆觚，它位于墓主腿部，正

[1] 浙江省文物考古研究所:《卞家山》，文物出版社，2014年。

[2] 浙江省文物考古研究所:《文家山》，文物出版社，2011年。

[3] 浙江省文物考古研究所:《反山》，文物出版社，2005年。

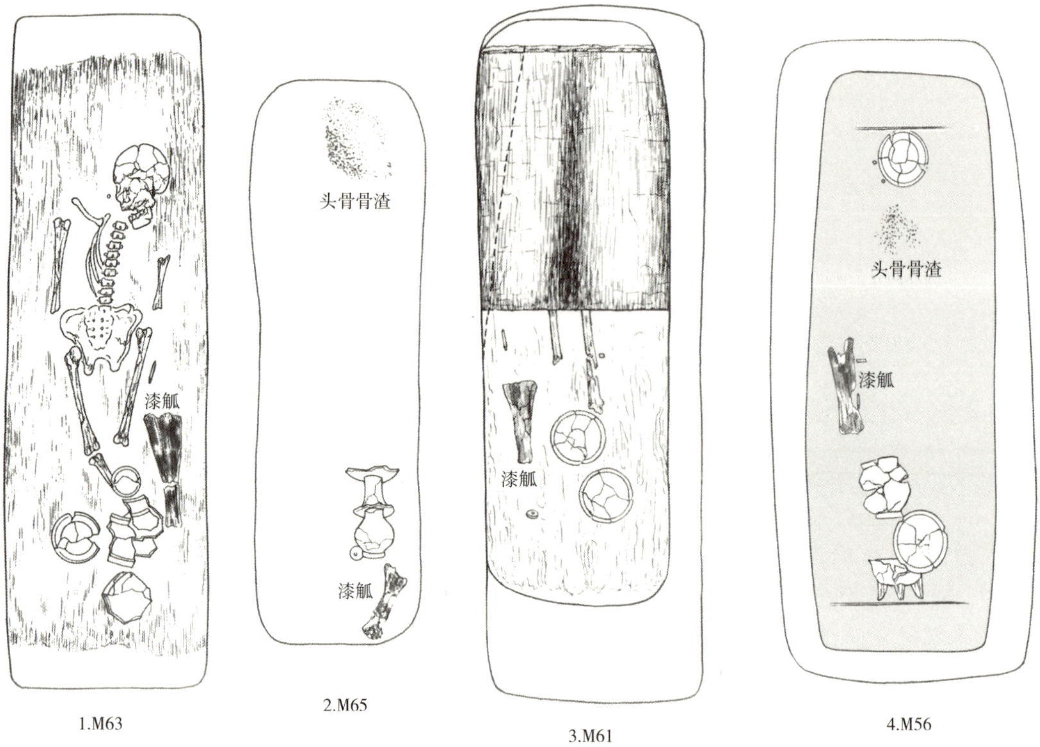

图 3-11 卞家山漆觚墓例

置，残长约 31 厘米[1]。与平民墓例有所不同的是，这两件漆器都镶嵌有玉器，说明在等级极高的贵族墓内，漆器上会有些额外的装饰，因此也显得特别奢华。江阴高城墩 M11:10 这件所谓的 T 形红色漆皮，很可能也是漆觚，其下半部出土的两件锥形饰和一颗玉珠，因为无法附着在其身上，未必是与它相关的器物。该痕迹长 32.5 厘米，跟卞家山墓葬内漆觚的痕迹较为接近。兴化蒋庄 M233 的喇叭形朱砂痕，大概率也是漆觚[2]。

随着卞家山漆觚的确认，早年好川遗址的觚形漆器残骸也得以确定为漆觚。

[1] 浙江省文物考古研究所:《瑶山》，文物出版社，2003 年。

[2] 南京博物院:《江苏兴化、东台市蒋庄遗址良渚文化遗存》，《考古》2016 年第 7 期；林留根、甘恢元、闫龙:《跨越长江的良渚文明——江苏省兴化、东台蒋庄遗址发掘取得重大收获》，《中国文物报》2016 年 1 月 19 日。

图 3-12　好川漆觚（M47：13）

1997 年，遂昌县三仁畲族乡发现好川墓地，发现漆器残痕 26 处，有几处可辨器型为漆觚，另有少量棍状器[1]。如好川 M47:13 漆觚位于墓主脚端，残长约 24 厘米，方向大致朝上（图 3-12）。好川漆觚中有的镶嵌玉片，等级也较高。事实上镶嵌大小不一的玉石饰片，是好川漆器的最大特色。据统计，玉饰片漆器有 14 件，石饰片漆器有 7 件。嵌玉漆器的单器玉饰片 2—30 片不等，绝大多数为曲面造型，形状有圆形、椭圆形、方形、菱形、圆角长方形，以及特殊的三重台阶形、简体抽象鸟形、圆箍形等；嵌石漆器的单器石饰片 6—24 片不等，形状以圆形、椭圆形、方形、长方形等几何形为主。好川 M47 在好川五期七段的分期框架中排在第三期前段[2]，绝对年代距今约 4000 年，晚于良渚文化的年代范畴。说明继良渚文化之后，墓葬内随葬漆觚的习俗仍有流传，并扩大了嵌玉漆觚的使用范围，或许它恰恰反映了好川与良渚文化的内在关系。

2011 年，桐庐小青龙遗址发现良渚文化晚期高等级墓地，共出土漆器 10 件。因土壤酸性较强，保存不佳，木胎均已朽烂（个别器类可能为皮质胎），可辨器型

[1][2] 浙江省文物考古研究所、遂昌县文物管理委员会：《好川墓地》，文物出版社，2001 年。

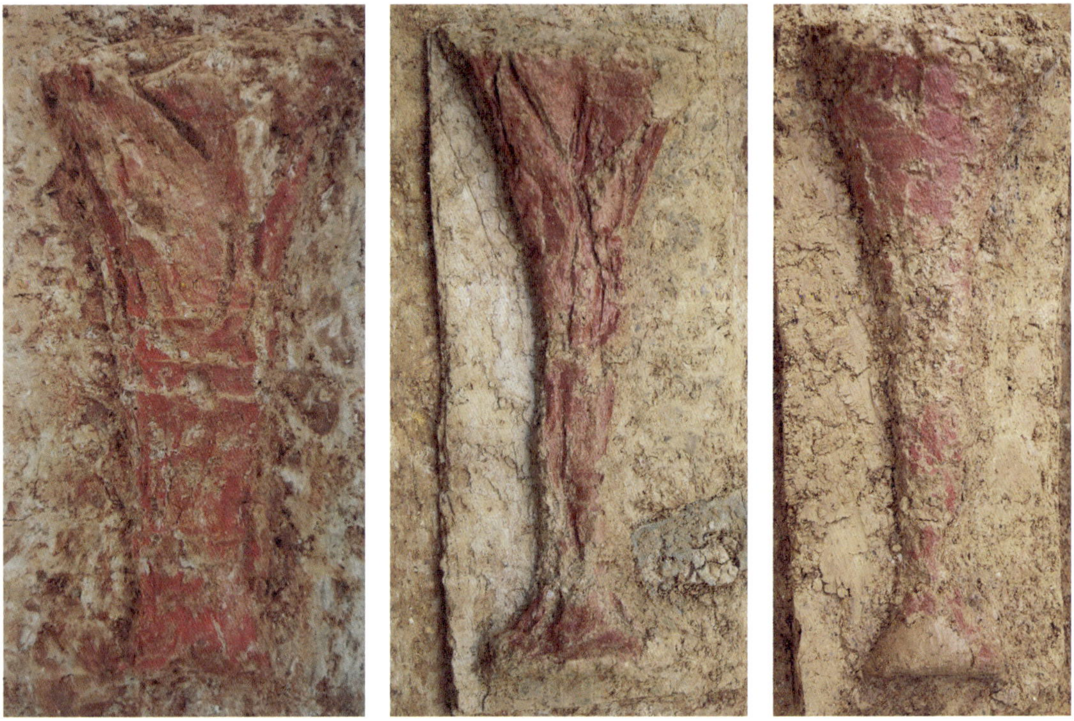

1. M9 漆觚　　2. M10 漆觚　　3. M33 漆觚

图 3-13　小青龙漆觚

大多为漆觚，以 M9、M10、M33 漆觚保存较好，轮廓基本明确（图 3-13），另有髹漆的玉钺柲、箙、带状器等[1]。小青龙漆觚的大小和形状与良渚遗址出土的漆觚如出一辙，其呈色剂与良渚遗址区漆器也完全一致——暗红色漆使用的是铁红（三氧化二铁），鲜红色漆使用的是朱砂（硫化汞）。因此，小青龙漆觚应是由良渚中心区传播过去的。

2018 年，江山市峡口镇合新村发现山崖尾遗址，清理好川文化墓葬 59 座，出土漆器共 6 件。这批漆器保存均较差，其中 3 件可辨为觚，另 3 件器型不明[2]。

小青龙、山崖尾及好川等遗址陆续发现成批的漆觚，甚至也拥有嵌玉漆觚，

[1] 浙江省文物考古研究所、桐庐博物馆：《小青龙》，文物出版社，2017 年。

[2] 山崖尾漆器信息由发掘者仲召兵提供。

表明良渚晚期漆觚往西传到了浙西、浙南的山地丘陵，不但证明漆觚不是一般的器物，也暗示了良渚文化扩散的一个路径。好川遗址发现众多曲面玉片镶嵌漆器，说明在这里，漆器的装饰技术包括玉片的加工技术有了新的发展。

2. 漆觚的形制

卞家山发现的漆觚造型基本相同，皆为喇叭形敞口，束腰，浅凹底，外涂朱漆或黑漆。整体口大底小，尖唇厚底，束腰部分靠近底部，底面中间内凹。器腹大多饰有一组或两组突棱，个别还在凸棱区描绘纹饰。器高大致在 22—26 厘米之间，口径 8—11 厘米，底径 5.6—7.8 厘米。

根据腹部的装饰特征，这些漆觚可分四型（图 3–14）：

A 型　3 件。腹部有两组突棱，上面一组为螺旋形凸棱，下面一组为两条水平环绕的凸棱。

B 型　2 件。腹部只有一组凸棱，饰于腰间偏下部位，由两圈环形凸棱构成。器腹较细，器身略矮。

C 型　1 件。腹部只有一组凸棱，饰于腰间偏上部位，由三圈螺旋形凸棱构成，器身较粗。

D 型　1 件。腹部饰一条较宽的浅槽，槽内未髹朱漆。

由上可知，卞家山漆觚的器身均有环绕的装饰，或凸棱或浅槽，以凸棱装饰

1. G1 ②：121　　2. G1 ①：207　　3. G2 ② B：70　　4. G1 ②：242

图 3–14　卞家山漆觚分类

为主。凸棱有一组和两组之分，饰一组凸棱的凸棱位置在器物最细的部位或器物的中部；饰两组凸棱的凸棱位置为一上一下，上一组凸棱均呈螺旋形，绕器身三至四圈，下一组凸棱则皆作两圈水平的环形。其中有一件饰两组凸棱的漆觚（G1②：237），在两组凸棱区域以黑漆为底，再以朱漆描绘纹饰。纹饰的图案较斑驳，有平直或斜直的边线，里面为云雷纹填直线线段。带浅槽漆觚的浅槽部位原来可能有树皮或皮革等有机质材料制作的带状物缠绕，也应是一种类似凸棱的装饰方法。

由于墓葬内的漆觚仅存模糊的痕迹，只能大略判断器型，对它们的具体形制完全无法分辨。继卞家山遗址之后，2016—2018 年，良渚古城内的钟家港遗址再次出土大量漆木器，漆器中也以漆觚的数量最多，个体在 6 个以上。从这些漆觚实物中，可以清楚地看到，带两组凸棱的 A 型漆觚最为常见，说明这类漆觚是良渚漆觚的主流。

（三）彩 绘

有装饰纹样的漆器，主要也发现于卞家山和钟家港遗址。卞家山和钟家港各发现 2 件，庙前也有 1 件。

卞家山 G2②B：10 彩绘器盖，木质椭圆形器盖残片，边缘内卷，方唇；隆起的盖面涂暗红色面漆，面漆之上绘有黑底朱线的变形鸟纹；勾勒纹样的朱漆以朱砂调制，十分鲜艳；残长 31.5 厘米，残宽 11.2 厘米，厚 0.6 厘米（图 3–15）。

图 3–15　卞家山 G2②B：10 彩绘器盖

图 3–16　卞家山漆觚（G1 ②：237）

卞家山G1②:237漆觚，残存4块残片，可拼合出中间一长段觚片；有两组凸棱，上组三圈，下组两圈；整器外表髹朱漆，但两组凸棱部分涂黑漆，并以朱漆描绘云雷纹填直线纹图案；残高25厘米（图3–16）。钟家港T0519彩绘盘，直口折沿宽唇，浅腹，大平底；外底面中间圆形浅凹，呈璧形；通体髹黑色底漆，外侧及内壁加涂朱红面漆；侧边以双黑线填浅色描绘几何图案，上部呈长方形单元，下部为半圆形单元，单元内外再填双钩直线和弧线；直径21厘米，高4.1厘米

图 3-17　钟家港彩绘漆盘（T0519）及特写

图 3-18　庙前彩绘漆盘（H2）

（图 3-17）。庙前 H2 漆盘，敞口翻沿，浅腹，大平底，残损严重；通体髹朱漆，外侧饰有黑漆描绘的几何图案；残长 12.5 厘米，残高 5.4 厘米（图 3-18）。卞家山和钟家港遗址还有若干小块的彩绘漆器碎片。

以上均为容器或容器附件，钟家港遗址还出土一件非容器类的圆雕彩绘漆器，即钟家港 T0916 彩绘鸟头。此器为残件，仅存鸟头，鸟颈下残缺。鸟头粗大，眼睛部位为大穿孔，喙部较长，喙尖残；细颈，颈部有一圈带状突棱；通体髹朱漆，再以黑漆线勾绘复杂图案，颈部为圈带纹，眼部穿孔两侧为重圈纹，颈部正面及

图 3-19 钟家港彩绘鸟头（T0916）

头顶部有介字纹，喙部两侧为羽状纹；长 8.1 厘米，宽 5.45 厘米，颈部直径 1.74 厘米，头部直径 3.53 厘米（图 3-19）。从其造型特征观察，这件彩绘鸟头很可能是鸠杖的杖首。

（四）嵌玉漆器

主要见于反山和瑶山贵族墓地，良渚后杨村、海盐龙潭港墓地也有发现，而受良渚文化影响的好川遗址数量更多。反山 M12 嵌玉漆杯，腐朽后已成扁平体，胎骨应为木质，带把手及流，与良渚文化陶质宽把杯形制接近。全器表面涂抹黑色底漆，器身以朱漆绘满螺旋纹，颈部饰朱漆弦纹。通体镶嵌大小不等的玉粒 141 颗，玉粒小如芝麻状，大者似黄豆，镶嵌在螺旋形纹样的内心和旋纹上。有专家细察后认为，器表花纹似经过浅浮雕，上漆后玉粒按照纹饰有规律地镶嵌在器物上，工艺繁复，装饰华丽。高约 20 厘米，直径 6—8 厘米（图 3-20）。反山 M12 还出土一件嵌玉漆圆盘，整体呈圆形，中间镶嵌圆形玉片，形如“太阳盘”。圆形玉片正面弧凸，背面平整。外廓有一圈朱漆痕隆起于器表。内面和朱漆外廓嵌有 181 颗米粒状或细长的玉粒。因玉粒均为正面朝上，可知基本保持了嵌玉漆器的原状。直径 28 厘米，中心圆玉片直径 8.7 厘米，厚 0.2—0.9 厘米，外廓朱漆痕宽约 2.5 厘米，高出内面 2 厘米（图 3-21）。反山 M22 嵌玉漆器，腐朽后呈扁平的喇

图 3-20　反山 M12 嵌玉漆杯

图 3-21　反山 M12 嵌玉漆圆盘

叭形，外表有斑驳的朱漆痕，隐约似有横向纹理，长约 18 厘米，口径约 13 厘米。漆器底部有一个筒形玉镯，发掘报告推测该玉镯有可能套在漆器身上，而漆器可能为漆觚，只不过底部残缺了。笔者认为两者为叠压关系，玉镯只是恰巧叠压在了漆器身上，不太可能套入漆器内。瑶山 M9 嵌玉漆觚，木胎已朽烂，仅存带漆皮的轮廓。漆皮呈暗红色，髹漆均匀，出土时仍有光泽。器形敞口，腹部内收，最小径位于近底部。中腰和底部各嵌有一周玉粒。玉粒正面弧凸，背面平整。高约 29 厘米，口径约 11 厘米，底径约 8 厘米（图 3-22）。1997 年，海盐龙潭港 M12 北端出土了一件镶嵌玉饰片的扁方体红漆木

图 3-22　瑶山 M9 漆觚

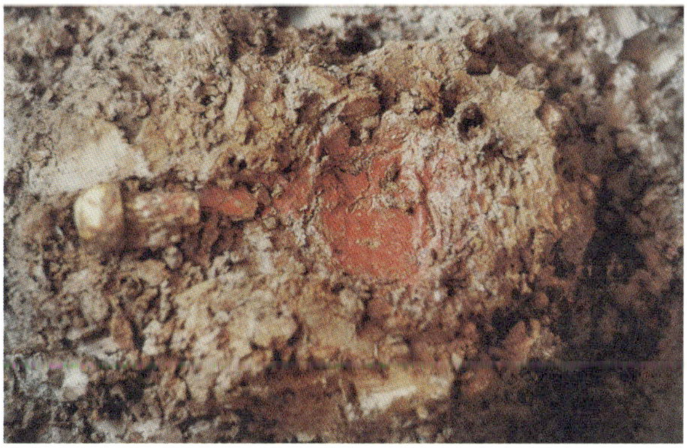

图 3-23 反山 M22 囊形漆器

图 3-24 反山 M23 嵌玉囊形器

盒[1]。2006年，良渚后杨村M4发现朱漆圆盘，也可能是一个圆形漆盒，目前所见唯一的一件斜口玉璧就放置其中。

（五）软胎漆器

仅见于反山墓地，皆为囊形器，实际可能均是软性胎质（如皮革类）的髹漆容器。反山M22囊形器，腐朽后呈扁平的长颈圆腹形，漆皮鲜红，带玉塞。玉塞呈圆柱形，端头作稍大的半球形，状如龟头。长约7厘米，宽约4厘米，玉塞长2.4厘米（图3-23）。反山M23囊形器，腐朽后呈扁平的垂囊形，状如未吹气的气球，外表涂满朱漆。口部有一个玉塞，玉塞呈外大内小的圆柱形，顶面微鼓。长约9厘米，宽约3.5厘米，玉塞长1.8厘米，端面直径2厘米（图3-24）。

此外，钟家港遗址还发现两件造型奇特的漆器。钟家港T1307双耳盆形器，敞口，斜弧腹，弱圈足，两侧有高出口沿的双耳。双耳宽扁，端部呈卷筒形，中部有横向穿孔，耳部外侧面饰有四道均匀分布的纵向凸脊。外表髹朱漆，内侧口沿也有约2厘米宽的朱漆。残长16厘米，残宽21.5厘米，边厚2.55厘米，底厚1.18厘米（图3-25）。钟家港T4022兽面纹把漆杯，圆筒形微鼓腹，底部略凹。一侧有长条形把，把上端雕刻有隆起的兽面，两眼睑鼓突。外壁施红漆，

[1] 孙国平、李林、沈明生：《海盐发现新型良渚文化墓地》，《中国文物报》1998年6月14日第1版。

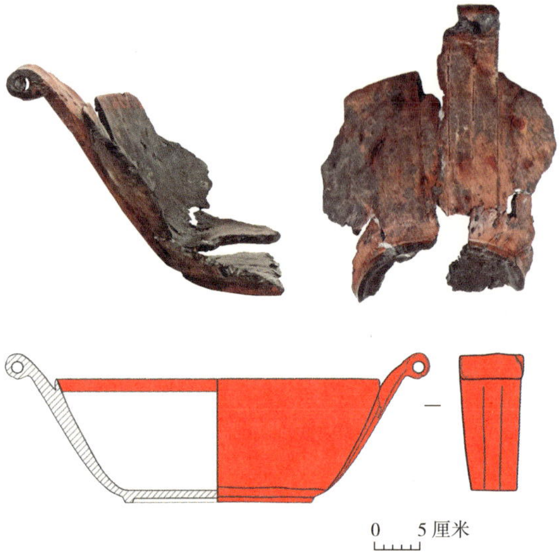

图 3-25　钟家港双耳漆盆（T1307）外侧面

图 3-26　钟家港带把漆杯（T4022）

内壁施黑漆，口沿及外底部涂饰鲜艳的朱漆条带，把部也涂红漆，上端浅浮雕的兽面再用黄漆描绘重圈眼、横鼻和三角形嘴部。残宽 14.8 厘米，高 13 厘米，胎厚 0.6 厘米（图 3-26）。

二、持　器

钺是良渚时期最普遍的武器之一，钺柄大多为木质，有的外表髹漆。考古发掘中髹漆的钺柄已发现多处。余杭灯笼山遗址 M11 随葬品共 25 件，其中在墓主人胸腹部置一南北向带朱红漆木柄的石钺，木质已朽，但从保存的朱红漆仍可清楚看出原来漆柄的形状。漆柄长 71 厘米，其中安装石钺端宽 7 厘米，握柄端宽 2.5 厘米，这是迄今为止良渚文化墓葬出土漆柄石钺中保存较为完整的一件[1]

［1］丁品：《余杭灯笼山遗址——临平山北部良渚重要聚落已露端倪》，见《浙江考古新纪元》，科学出版社，2009 年，第 109—111 页。

图 3-27　灯笼山 M11 髹漆钺柄

图 3-28　玉架山 M149 髹漆钺柄（楼航提供）

（图 3-27）。玉架山 M149 也发现了髹漆木柄痕迹，但漆膜保存不佳（图 3-28）。海宁小兜里遗址 M7:10 发现安柄朱绘石钺，木柄朱痕长约 57 厘米，石钺孔周的正背面也保留有朱绘。小兜里 M14:12 玉钺配有象牙的瑁和镦，瑁镦之间的柄长 55 厘米，表面残存零星朱漆痕。小兜里 M8 也有一件朱痕安柄石钺，残长约 42 厘米[1]。

[1] 浙江省文物考古研究所、浙江海宁市博物馆:《2009 年海宁小兜里遗址良渚墓葬的发掘收获》,《南方文物》2010 年第 2 期，第 38—48 页。

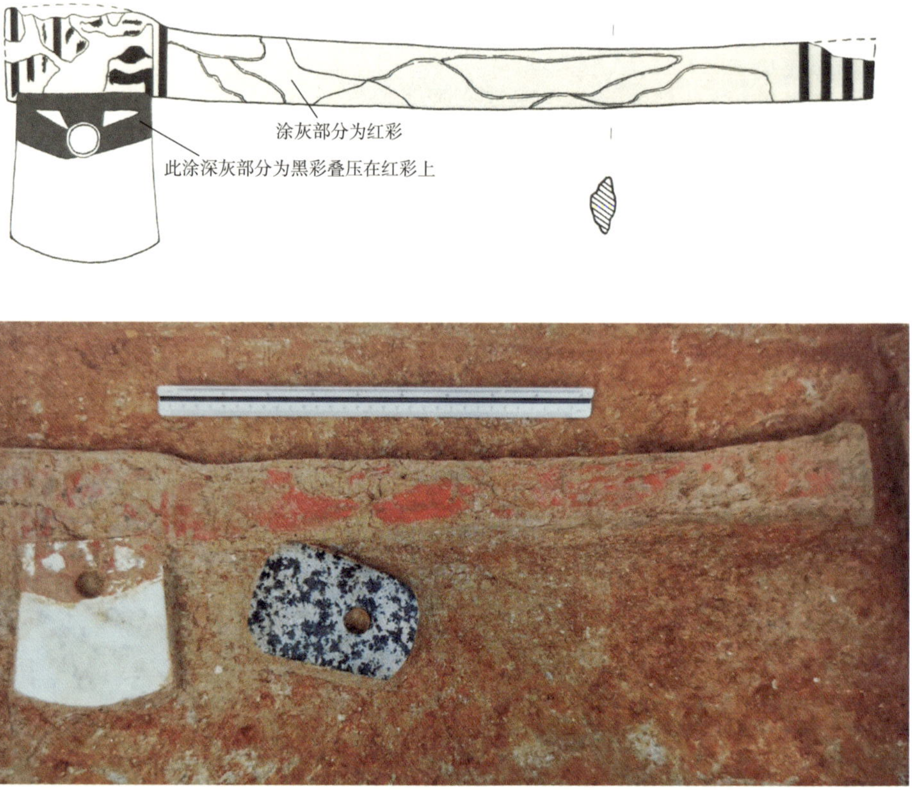

图 3-29　小青龙 M10 朱漆柄

此外，小青龙 M10 的朱漆钺柄上，甚至隐约可见彩绘条纹（图 3-29）。

前面提到，2006 年在余杭南湖古河道的沙土中发现三件剑形木器，其中一把髹漆木剑做工精良，造型舒展优美，经碳十四测年为距今 4500 年左右，处于良渚文化阶段。此剑保存完好，剑首呈六边形，剑柄截面扁圆，剑身修长，双刃略有曲度，尖部呈弧边三角形，剑身两面的前段与后段均有横向浅槽，表面通体髹黑漆，局部尚存斑驳的漆皮痕迹，长 86.2 厘米，宽 8.8 厘米，厚 2.5 厘米（图器 3-30）。此剑乍一看颇似春秋战国之物，但如果测年无误的话就是良渚文化遗物。木剑作为武器当然无法胜任，这件器物很可能是良渚巫师作法时使用的法器。良渚时期拥有统一的信仰，玉质的大琮、权杖、钺等是敬天礼地、与神沟通的正统法器，在举

图 3-30　南湖髹漆木剑

行正规的祭祀活动时，用的应该都是玉质礼器。而像漆剑这样的法器，可能用于民间消灾祛病的巫术活动，在烟雾缭绕的场所以木剑作法，确实可以烘托神秘玄幻的气氛。后世的道教以桃木作剑为法器，或许与史前社会的这种场景有着某种关联。

三、葬　具

前面已述良渚墓葬普遍设有葬具，只不过等级不同，规格有所不同而已——有的只有独木棺，部分独木棺两头还有挡板；有的棺椁齐备，椁的结构也有多种形式。显示高规格的还有葬具髹漆，考古发掘中髹漆的棺木几乎都是显贵墓葬，可惜多较零碎，没有保存较好的。

反山是目前所知最高等级的墓地，多座墓葬的随葬器物上有朱红色痕迹，极可能是棺盖上的髹漆痕迹，例如反山 M12 器物面上有多处朱漆痕，应是葬具漆痕（图 3-31）。反山 M14 器物上覆盖大片髹漆痕，也应为棺盖的漆皮残留（图 3-32）。上海青浦福泉山 M60 为一长方形土坑的双人合葬墓，坑内发现两具南北向的呈长方形的木质葬具痕迹，木板条纹清晰，并附着大片朱红色彩块，当为棺木上的朱漆。福泉山吴家场 M207 葬具为整木对剖后制作而成的独木棺，棺盖和棺底均发现有红色髹漆痕迹。此外，海盐龙潭港几座大墓内，也发现有清楚的带红色漆皮的棺椁之类葬具痕迹[1]。桐乡新地里 M73 也是座大墓，随葬品 62 件（组），包含一件长 33 厘米的琢纹玉锥形器，以及玉璧、象牙镯、野猪獠牙饰等。此墓在墓底随葬器物露头时，有七片面积或大或小的朱红色薄层漆皮覆盖在器物上，也应是原先髹漆棺盖坍塌后的朱漆残留物[2]。

图 3-31　反山 M12 葬具漆痕

图 3-32　反山 M14 葬具漆痕

[1] 孙国平、李林、沈明生：《海盐发现新型良渚文化墓地》，《中国文物报》1998 年 6 月 14 日第 1 版。

[2] 浙江省文物考古研究所、桐乡市文物管理委员会：《新地里》，文物出版社，2006 年。

第四章

漆木器制作

一、漆木器材质

木质材料是古代先民最易获得和加工的自然资源之一，任何有创造性的民族，都不会对这一唾手可得的物质财富熟视无睹。在今天的人们看来，没有金属工具和机械的帮助，将木材加工成各种形状似乎并非易事。而事实上，古代先民仅用简单的石质工具，就制成了精致的木质容器和复杂的木构件。虽然我们还不太清楚古代先民制作木器的确切工具和操作流程，但是既然良渚人能把玉器制作得那么精美，加工木器应该会轻松得多。俗话说"术业有专攻"，部分良渚先民在潜心攻玉的同时，也有一批人专注于对木质材料的开发利用。木质材料的广泛使用，不仅大大丰富了各阶层人群的日常生活，也对推行礼制产生了积极影响。一些髹漆木器成了礼器，重要的礼制性建筑更离不开大型木材的支撑。或许可以说，良渚先民对于木材的依赖并不亚于泥土或水。现在我们已感知不到这个木质世界的缤纷多彩，但是随着木质遗存的不断面世，相信我们会越来越惊讶于良渚先民利用木材的高超水平。

关于漆木器的材质，已有多个遗址进行了分析检测。早年钱山漾遗址的木材就曾作过鉴定，能辨别的有栎木、杉木、樟木、青冈木、甜槠木、苦槠木和朴木，其中以苦槠木居多[1]。在良渚遗址群，木质遗存十分丰富的卞家山遗址经过相关鉴定分析，发现木材主要取自阔叶树，少量为针叶树。木桩的材质有柳树、樟树、

---

[1] 浙江省文物管理委员会:《吴兴钱山漾遗址第一、第二次发掘报告》,《考古学报》1960 年第 2 期。

榉树、栗树、常绿栎、麻栎等30多种。而卞家山漆木器所用的木材有麻栎树、常绿栎、松树、鳄梨、糙叶树、榉木、栗树、黄檀、桑树、米老排、水黄棉、杨桐、梅树、黄檗、红楠、柘树、楮树、无患子等近20种，从一个侧面反映了当时木材资源的丰富。当然，各种木质工具和器皿，由于使用及加工上的差异，其选材也有所不同，梅树、榉树、常绿栎、松木、桑木等十多种使用率相对较高。具体来说，卞家山建筑构件一般采用杉木、桑木等材质较轻、抗拉强度较大的木材。15件生活器具中有9件为楝树，3件为楮树，1件为樟树，另外还有黄檗、桑树各1件，表现出明显的材质选择取向，特别是遗址中出土的漆觚、木盘、木豆等漆木器均采用楝树、樟树等木质细腻、硬度不大、适合雕凿的木材。卞家山遗址出土的生产工具主要有木铲、木桨、木槌等，先民在制作这些木器时，一般选用硬度较大、抗压性较好、抗弯曲性较好的麻栎和青冈等木材。木陀螺等玩具类木器采用的树木种类较多，对材质的选择性不明显[1]。

漆觚是一个特殊例子，它的器身底部通常凿有一孔，最后用另一种材质的塞子堵住。这样做的目的估计有两个：一是便于掏膛，使容器里面的空间最大化；二是两种材质的膨胀系数不同，可以让器物不容易开裂。据日本东北大学铃木三男先生鉴定，卞家山漆觚觚身的树材为苦楝树，底部塞子的木材为樟木。而从木质纹理判断，苦楝为楝科落叶乔木植物，对土壤要求不严，在酸性土、中性土与石灰岩地区均能生长，高可达20米，干径可达30厘米。此树材强度低，硬度适中，有一定的耐腐性，切削容易，切面光滑，油漆后光泽度良好，宜作家具、农具、装饰材料等。其果根可入药，叶、树皮及花可用于杀虫剂。苦楝树是亚洲的一种速生小乔木，在热带、亚热带及温带地区都很常见，在我国黄河流域以南、华东及华南等地皆有分布。虽然有关苦楝树的记载最早见于公元6世纪的《齐民要术》，但考古资料表明这一树种在史前时期就已存在，卞家山遗址的植物种实遗存中即发现了十多枚苦楝树的果核。漆觚塞子所用的樟木更是优质木材，耐腐、防虫、致密、有香气，是家具、雕塑的良材。这种树材在史前遗址中也早已出现，经取样分析，在卞家山遗址，樟树的比例占常绿阔叶树的25%。另外，漆觚所取的木

[1] 郑云飞等：《卞家山和美人地遗址出土植物遗存分析报告》，见《良渚古城综合研究报告》第十三章相关研究附录，文物出版社，2019年，第472页。

料大多为芯材，因为芯材的密度是最大的。

良渚古城东侧的美人地遗址，其水滨木构护堤体量巨大，十分壮观。它以横木和枕木为基础，用榫卯结构竖立整齐平整的木板，构成高而陡直的护壁。木材材质分析结果显示，枕木的材质均为马尾松，横木的材质均为麻栎，竖立的木板用材则表现出多样性，有樟木、桑木、山核桃木、麻栎、核桃楸、春榆、糙叶树、马尾松、玉兰、红锥、桦树等树种。究其原因，枕木是建筑物的基础，既承受上部建筑的重量，又与湿地地基直接接触，对木材的防腐性和抗压性要求较高，而松木耐腐、抗压强度较高，能满足作为枕木用材的需要。枕木之上的横木受力主要来自上层木板的压力，对耐腐性要求相对不高，对木材的抗压性和抗弯性则要求较高，麻栎的抗压强度较高、抗弯曲强度大，能满足横木对木材材质的要求。而上面的木板可能主要起围栏作用，受力强度较小，对木材的材质要求也不是特别严格，这可能是木材表现出多样性的原因。

结合土壤中的花粉分析，卞家山遗址所代表的良渚中晚期的植被中，木本植物群落以落叶栎为主，栲树、青冈树、樟树等常绿树的数量也较多，其他落叶树的种群数量很多，涉及榆、蔷薇、杨柳、桑、核桃、山茶、漆树、桦木、木兰等许多科，但在植被中所占的比例较小。由此反映出当时良渚遗址群内的森林资源状况为：山地主要以阔叶林为主，其中既有四季常青的树种，也混生有冬季落叶的树种，还有大量的竹子。但没有大面积的针叶树林，系常绿与落叶阔叶混交林，表现出常绿阔叶林与落叶阔叶林之间过渡地带的植被特征[1]。

这一结论表明，良渚中晚期仍然以常绿阔叶与落叶阔叶混交林唱主角，似乎并非像先前所分析的那样，良渚时期的植被从青冈栎、甜槠、樟树、棕榈、桑树等常绿阔叶与落叶阔叶混交林，逐步过渡到松、柏、榆等落叶阔叶与针叶混交林，从而反映出气候特征由暖热湿润渐趋干凉[2]。这样看来，良渚文化的气候及植被状况与河姆渡文化还是比较接近。河姆渡四层的气候比现在温暖湿润，森林茂密，主要树种有蕈树、枫树、栎、栲、青冈、山毛榉等。参考河姆渡送检的26件残

[1] 浙江省文物考古研究所科技考古室研究资料。

[2] 吴维棠:《从新石器文化遗址看杭州湾两岸的全新世古地理》,《地理学报》第38卷第2期。

木器标本，取材于圆柏的20件，占77%，此外有栎树3件，樟树2件，白蜡树1件[1]。同属河姆渡文化的田螺山遗址，其漆木器的木材主要有硬度较硬或适中的楷树、桑树、栎树、柘树等。

二、漆木器加工

《周礼·考工记》是我国春秋末期（公元前476年）齐国人记录手工业技术的专著，是一部手工业技术规范的总汇。书中将工匠分为木工、金工、皮革工、设色工、刮磨工、陶工等六类工艺，木工部分详细记载了当时的木材加工技术。这是中国最早的关于工艺制作的专门论述，也是中国首部较完整记述木材加工技术的著作。不过春秋时期已出现金属工具，而史前时期尚未使用金属工具制作木器，因此，这部著作的记述并不能反映史前木器加工的真实状况，当然大致的步骤应该相差不大。

考古实证了木器的加工历史十分悠久，杭州湾南北两岸的河姆渡文化和马家浜文化时期,就已发现大批复杂的木构件和木器。河姆渡遗址的木质遗存特别丰富，不仅数量大、种类多，而且加工精致，保存情况良好。且不说大面积干栏式建筑遗存，光是木器就有343件。器型有各种器柄、矛、棍、槌、针、桨、纺轮、刀、匕、锯形器、杵、耜、铲、筒形器、碗、罐、盆、盅形器、梭形器、屏、蝶形器、陀螺、凹形器、木鱼等二三十种，其中蝶形器、刀、匕等是河姆渡文化独有的漆木器[2]。可以说，河姆渡文化的木质器类为解读良渚文化的木质遗存提供了一把珍贵的钥匙。

河姆渡文化田螺山遗址也出土了上百件各类木器，主要分生产工具和生活用具两大类。生产工具有桨、耜、镰形器、器柄、矛、耒（点种棒）、钩子、机刀、杵、槌、弓、磨盘等，大多为农具。生活用具有蝶形器、筒形器、小圆棍、把手、陀螺、锥形器、小圆饼、容器、盒、圆轴、小木球、独木梯、象纹雕板和双鸟木雕神器

[1][2] 浙江省文物考古研究所:《河姆渡——新石器时代遗址考古发掘报告》，文物出版社，2003年。

等。其中蝶形器、筒形器、木容器、象纹雕板和双鸟木雕神器等一部分精细木器表面，有一层深灰近黑色的涂层，虽未对这些涂层的材料进行正式鉴定，但从河姆渡遗址木胎漆碗表面的红漆属性来看，田螺山出土的这些带黑色涂层的木器应该是比较早期的漆木器。在钱塘江南岸，比河姆渡遗址稍早的萧山跨湖桥遗址中，也见有木构窖藏和木质器具，器型有桨形器、锹形器、杵形器、锥、镞、器柄等[1]。从制作技术上看，这些木器已非简单粗糙。

在环太湖流域，马家浜文化时期各类木质遗存都已出现。在浙江桐乡罗家角四层，发现了转角柱、带有销钉孔的榫、凸榫柱头、栏杆横梁、有缺口的木板和复杂的企口板等颇为先进的建筑木构件[2]。在江苏常州圩墩下层，除了有木桩、带桩方木、有槽木板，还发现了陀螺状木器、喇叭形木器、木铲等器物。带桩方木显示了较为复杂的加工工艺和使用方法，这根长 223 厘米、宽 15 厘米、厚 8 厘米的扁方木凿有 7 个等距排列的榫眼。榫眼呈长方形，有的未凿穿呈一浅窝状，深约 3.5 厘米。凿穿的榫眼都为下口略大于上口，出土时有两个榫眼还在下面插着木桩。木桩上端砍成上小下大的梯形榫头，正好顶入方木的榫眼中，而下端削成圆锥状，插入生土。未凿穿的榫眼应用来承接上方的带榫木料[3]。

从器型大类上看，良渚文化时期有关艺术品方面的实物较为少见，目前仅在钟家港遗址发现两件圆雕的鸟首形漆器。其他诸如木柱、木桩、木构件及生产工具、生活用具等形态与制法，几乎与马家浜、河姆渡文化完全一样。在加工方法上，光凭痕迹我们看不出前后两千多年来有了什么变化。所有单体木质遗存都用一块木材切割刮削，即使像木桨、木锸、木锹这样修长的器物，其叶部、柄部、把部皆由同一块木料制成，目前还未见拼接的例子。考察木构件的加工痕迹，大致有砍伐、裁截、开板、劈削、挖凿榫卯等工序，所用工具主要为石斧、石锛、石凿、石锤等。相对来说，木质器皿的加工方法要精细一些，且按器型不同，制法各有千秋。这些制法归纳起来大抵有砍、劈、削、剜、刨、凿、钻、刮、磨、刻、烧、烤等。

[1] 浙江省文物考古研究所:《萧山跨湖桥新石器时代遗址》，见《浙江省文物考古研究所学刊》，长征出版社，1997 年。

[2] 罗家角考古队:《桐乡罗家角遗址发掘报告》，见《浙江省文物考古研究所学刊》，文物出版社，1981 年。

[3] 吴苏:《圩墩新石器时代遗址发掘简报》，《考古》1978 年第 4 期;《江苏常州圩墩村新石器时代遗址的调查和试掘》，《考古》1978 年第 1 期。

所用工具除了上述几种，另有骨锥、木锤、砺石片、兽皮等。木器上的烧烤痕迹反映了古代先民的聪明才智，民族学资料表明，将木矛放在火上烧烤，可以使矛尖变得非常坚硬。如果放在油中浸泡后再烘烤，做出的尖锋可以达到金属的硬度[1]。而过度的烧烤又会使木材焦化，一些木器正是利用这一特性，使镂孔变得轻松。毫无疑问，研究相对充分的河姆渡遗址木质遗存及加工技术，为探讨良渚文化的木质遗存及加工方法提供了重要依据。

良渚时期的木器种类似乎没有河姆渡文化那么丰富，但漆器数量有明显增加，髹漆工艺有了很大提升。良渚时期的木器制作，不论体量大小，仍使用整根木料进行砍劈、裁切、挖凿、锉磨，精细程度根据使用需求有不同区别。当然木构件要分体制作，特别是要增加一些榫卯、企口、铆钉和销孔。木器的优势在于取材容易、韧性较好、强度较高、硬度适中、易于造型、重量较轻、保湿隔热隔音。当然也有天然缺陷，比如容易虫蛀、霉烂和干裂，不够坚韧锋利。因此，对使用要求较高的木器要作髹漆处理，有了漆膜的保护，虫蛀、霉烂、开裂等问题就迎刃而解，器物的硬度和牢固度也会有一定程度的提升。

俗话说“三分料，七分工”。木器制作中选料后加工占有很大比重。良渚时期漆木器的制作工具主要为石锛、石凿、石刀，其中石锛有直装、侧装、中凸等多种装柄方式，由此产生不同的使用方法。这些工具包含了砍、劈、刮、刨、凿、掏、割等多种功能。钟家港南区出土过多件木盘坯料，已加工成扁圆柱形，有的上面还刻画了盘口的圆圈打样线。木桨、农具等多以一段扁木削凿，木柄与器身为一体，卞家山的木锸还突出一块踩脚的侧肩，钟家港有一件木锸两边都有踩脚的侧肩。钟家港另一件木锹更夸张，侧面呈S形，略似调羹状，T形把手凸弧，器身凹弧，也带踩脚的侧肩，非常贴合人体使用习惯。大部分漆木器是不透的容器，制成毛坯后外表以刮削为主，内膛则主要是掏挖为主，有的可能还借助了火烧成炭的办法，让掏膛变得更容易。钟家港那件髹漆方盒，底部四角各有一对椭圆形凿孔，因此是通透的，只能盛放干燥和有一定体积的东西。钟家港另一件双环把漆盘，两个环把高出器身，侧边也略鼓并有竖向凸棱，双环把显然采用了浮雕技法，整器采用了一种更复杂的工艺。钟家港一件彩绘盘的底面加工成璧形底，中部圆形微微内凹。钟家港的彩绘鸟头，眼睛部位还特意钻成贯通的圆孔。钟家港另一件鸟首

[1] 陈晶:《中国长江下游新石器时代木器的应用》,《华夏考古》1994年第1期。

形漆器，鸟身部位也作了镂空处理。

良渚时期到底有没有简易的车床？笔者认为有的可能性极大——漆觚制作会用到，豆、盘制作也有所反映，个别木陀螺似乎也采用了车床削制。良渚时期快轮制陶技术已十分成熟，慢轮修整技术更是驾轻就熟，轻巧快速的转盘是完全可以借用到木器制作上的。在高速旋转的木坯上，用锋利的刀片轻轻一点，就能削成凹凸有致的规则形态，省时、省力，效果还特别好，包括漆觚、漆豆、漆盘上的凸棱和凹弦纹装饰，均可以在木坯旋转过程中用刀点刻完成。

打磨当然是上漆的必要步骤，良渚木质容器的胎体大多经过打磨，如果是漆器则打磨的精度更高、更细致。现代的打磨工具基本都是砂纸，良渚时期会用什么打磨工具呢？刨子适用于直挺且转折分明的建筑构件，圆弧的容器可能需要用茅草、皮毛、贝壳等软性材料。根据文献记载，木贼草是古人用于木材打磨的一种工具，《本草纲目》提到“此草有节，面糙涩，治木骨者，用之磋擦则光净，犹云木之贼也”，故云木贼草，亦称锉草、擦草、节节草、节骨草、无心草、笔头草、笔管草等，均以形态得名。晾干保存，使用时用温水浸泡就能恢复直挺，用于木制品打磨，既保证了部件的光滑、亮度，又不伤雕刻纹饰，是天然环保的打磨用料。这种木贼草良渚时期是否已经出现还没有证据，但类似的草本植物应该也会存在，因此，不能排除良渚工匠使用了某种特殊的草来打磨木器的可能。

笔者曾对卞家山遗址出土的漆觚作过探究，其中包括分型、加工制作和意义。从形制和加工方法来说，钟家港和其他遗址的漆觚也没有超出这一范围，因此能完全代表良渚漆觚的类型和制作水平。以下举例介绍漆觚的制作方法。

卞家山漆觚造型规整，胎壁匀称，外壁光洁，轮廓线分明，显示了成熟的漆木器制作水平。尤其是螺旋形的凸棱制作，工艺难度较大。从漆觚上的凸棱、外壁面的匀称、底部内凹的弧面和棱线等细部特征来看，良渚时期的漆觚制作很可能采用了简易的车床设施。使用车床的好处是效率高，制作规整，特别是环形凸棱的制作会变得非常容易，即使是螺旋形的突棱，斜向使力也可快捷地划削出来。

从技术层面讲，良渚时期的陶器轮制技术已很发达，在此基础上制作出脚踏式或手摇式简易车床应无问题。而在车床上车漆器木胎，必须先将木料的两端固定在一根轴线上。固定轴线有两种方法：一是在两头的同轴位置扎入不易打滑的棍状物；二是将器物打通，插入相应的棍状物并予固定。良渚漆觚的制作可能使用了后一种方法。

我们注意到，所有漆觚的内壁底部都有木塞子的痕迹，尤其是 G2 ② B：70 的底部还留有长 3 厘米、直径 2 厘米的木塞子实物（图 4–1），这就表明漆觚在制作时原先是贯通的。这种做法一是便于内腔掏膛，二是可以使器物不易开裂，笔者认为还有一个最大的目的就是为了穿棍进行车床制坯。将一段木料居中先钻通，然后插入木棍并加固，以木棍作轴就可以在车床上削坯了。

图 4–1　卞家山 G2② B：70漆觚木塞

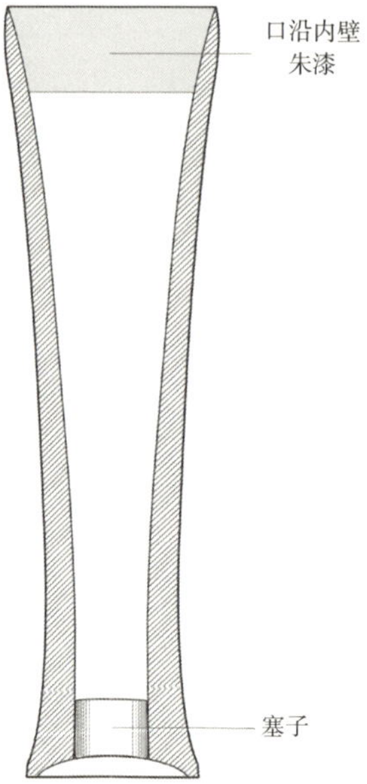

图4–2　卞家山G1②：124漆觚复原截面

图 4–2 是根据 G1 ②：124 复原的漆觚截面，其胎壁厚度从上至下逐渐增加，上腹部测点厚为 0.72 厘米，中腹部测点厚为 0.92 厘米，底部测点厚为 1.2 厘米，而其木塞子的厚度为 1.9 厘米。根据这个截面，我们推测漆觚的制作过程有以下几个步骤。

①截取一段直径大于 10 厘米、长约 26 厘米的木材。

②在木材中部钻一个贯通的小孔，孔内插入并紧固一根坚硬的木棍。

③用简易的车床通过木棍带动木材，用刀具将觚的外形车出。修出大体形状后再将环形和螺旋形的凸棱车出，然后将器底浅圜的内凹部分车出。

④取出木棍，通过扩孔将内腔掏出。因为内壁口部容易操作，这部分修整得较薄较光洁。

⑤做一大小合适的木塞子，堵住底部的孔洞，使之形成容器。

⑥根据需要将器物髹上黑漆和朱漆。

以上过程归纳起来就是取料、穿棍、车形、掏膛、堵塞、髹漆六个步骤[1]。

取料可能以石斧、石锛为主，通过不同的装柄方法，不同大小和形态的石锛可以作劈、凿、刨等不同的加工。木器上的斧凿痕迹一般较难保存，因为木器通常最后要经过打磨，而漆器打磨要求更高，并覆以漆膜。只有在粗犷的木构件上可以看到斧凿痕迹，例如庙前J1“井”字形木构件上，就可见密密的斧凿痕迹（图4-3）。另外，良渚时期的玉器管钻技术已很先进，对木料钻孔自然不在话下。配合车床的刀具既要扁薄锋利，又要有足够硬度，笔者认为最有可能是以石英片为刀刃的刀具，因为石英片可以打制得很薄且硬度极高。用这种刀具切削车床上转动的木料时，刃口与旋转的方向必须相反，然后根据设定的器物形状对刀具使不同强度的压力，木料随之就会被削出圆润的轮廓。外表粗大的地方（如器物口部）切削的力度可稍小，切削的次数也较少；而外表较细的部分（如腰部）则切削的力度要大一些，切削的次数也需多一些。

图 4-3　庙前J1木构的细部石锛加工痕迹

[1] 赵晔：《良渚文化石器装柄技术探究》，《南方文物》2008年第3期。

漆觚的内壁都较粗糙且呈黑色，G2 ② B：70 这件漆觚的内壁还留有加工痕迹。从最明显的两处窄长的加工痕迹来看，可能使用的是石凿，凿痕头部的宽度只有约 0.5 厘米（图 4–4–1）。而漆觚内壁的黑色，据切片显微观察，切面呈松散的颗粒状炭化物，不像致密成片的漆膜，表明器物内壁经过了烧灼（图 4–4–2）。据此我们推测内壁的掏膛过程是：在掏膛之前，从口部开始先对腔体进行烧灼，烧灼面炭化后用凿子将炭化部分凿去（木材炭化后削凿起来会容易得多），然后继续用火烧灼，等新的炭化面出来后，再用凿子凿去。如此这般，漆觚的内腔可以很快挖凿出来。这一过程中，火源可能是木棍点燃的火把，火把应固定在地上，工匠们则根据需要，将漆觚毛坯的内腔放在火把上移动着烧灼，边烧边凿，由口部慢慢往底部推进。最后完成的内腔壁未将炭化物剔除干净，所以会留下粗糙的黑面，整体欠光洁，个别还留有斧凿痕迹。不过内壁口沿部位要将炭化物除去并削薄打磨光洁，有的还涂上 3—4 厘米宽的朱漆（如 G1 ②：131，图 4–5）。内腔最底部的直径不足 3 厘米，在堵塞木塞子的部位，要把边壁的炭化部分剔除干净，之后才将木塞子塞入。这样做的目的是要让木塞子与器身紧密契合，使漆觚底部不致渗水。

图 4–4　漆觚内壁及切片显微焦痕

图 4–5　漆觚内壁口沿涂朱漆

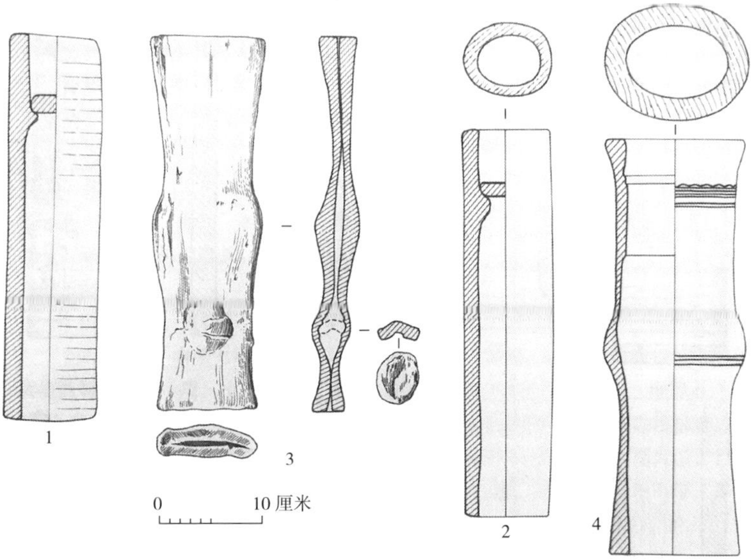

1.B型Ⅰ式T214④A：102　2.B型Ⅱ式T213④A：94　3.C型Ⅰ式T36④：24　4.C型Ⅱ式T212④B：143

图4–6　河姆渡第一期文化木筒形器

良渚漆觚底部开孔，最后填以塞子的做法，可追溯至河姆渡文化时期。河姆渡遗址出土的6件木筒，有的内壁凿一周浅槽，塞以圆木饼来封底（图4–6）。该遗址另有7件圆木饼，直径6—7厘米，都应是塞在木筒内封底用的（图4–7）。田螺山遗址出土的漆筒，也用整木挖凿，边壁均匀，近底部还有一片木塞封底。河姆渡文化这种以圆饼形木塞封底的做法似乎为良渚先民所继承，运用到了漆觚身上。

良渚文化之后，漆觚实物在中原和北方的史前文化墓葬中也有发现。例如，陶寺墓地早期和中期的一些大中型墓葬中，出土有不少龙山文化的漆木器。在提取和复原的数十件标本中就有觚和杯这类饮器。陶寺的觚身呈喇叭口，平底，体形较粗矮。其制作方法是，用截断的原木或方木块先斫出器形大样，内腔以剜、凿做出，留下的器底很厚。漆觚多施单色红彩，有纹饰者也以红彩为地，然后用黄、白、蓝、黑、绿等色绘出花纹图案，纹样有条带纹、几何纹、云纹、回纹等[1]。可以说，年代晚于良渚文化的陶寺遗址出土的漆觚造型较粗矮，制作较粗糙，其

[1] 高炜：《陶寺龙山文化木器的初步研究——兼论北方漆器起源问题》，见《中国考古学研究》第二辑，科学出版社，1986年。

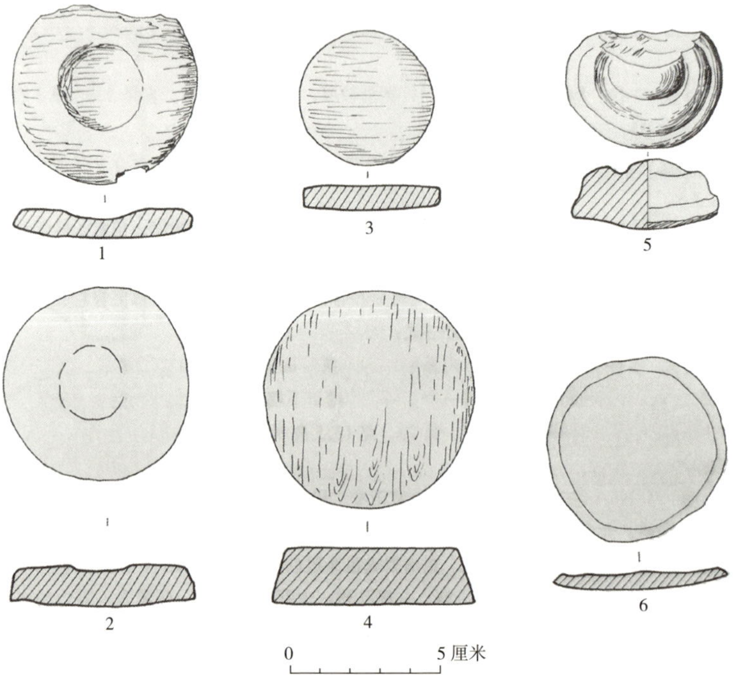

图 4-7　河姆渡第一期文化木饼

工艺水平不如卞家山发现的良渚漆觚。其装饰的图案虽较丰富，但基本上沿用的是彩陶上的装饰技法。

二里头遗址的墓葬中也发现了数十件漆器，其中器型明确者以觚为最多（图 4-8-2）。作为酒器的漆觚，多与铜（陶）爵、陶盉相配，形成完整的礼器组合。有的漆觚在朱红地上饰有赭色“饕餮纹”，图案繁复，线条流畅，色彩艳丽[1]。

已进入夏代纪年的大甸子遗址中，也发现了多件觚形漆器，例如 M726 的三个龛中各有一件，M666、M672、M853、M905、M931 这五座墓中龛内也各有一件。M726 南壁龛中出土的一件保存较好，整器呈束腰喇叭形，高 30.5 厘米，口径 16.5 厘米，腹径 2 厘米，底径 9.5 厘米；器口以下至腰 17 厘米处有一道细线绳捆扎痕迹。该器下端已残，从束腰喇叭形的外形来看应为觚形器（图 4-8-3）[2]。由于该器木

［1］许宏：《最早的中国》，科学出版社，2009 年。
［2］中国社会科学院考古研究所：《大甸子——夏家店下层文化遗址与墓地发掘报告》，文物出版社，1996 年。

胎已朽，无法与良渚漆觚作细致比较，但从其纤细的腰部来看，其制作技术已达到较高的水平。此器中腰偏上部位的细线捆扎痕迹，可能与下家山漆觚的凸棱一样，具有装饰作用。

西周时期，北京市房山琉璃河遗址 1043 号燕墓出土了一件漆觚（图 4-8-4），此觚高 28.3 厘米，口径 13.3 厘米，圈足径 8.5 厘米，外贴金箔，镶嵌绿松石，装饰十分豪华[1]。西周之后，随着青铜觚、青铜爵等礼器的退化，漆觚也逐渐淡出人们的日常生活。

再回到史前时期，河姆渡遗址出土的那件缠藤篾朱漆木筒，其圆形和中空的筒状器“活像一段毛竹管”，筒壁厚薄一致，弧度匀曲，两端再用藤篾类材料缠绕成圆箍[2]。然而就是这样一件直径较大、垂直掏空的器物，河姆渡先民却采用了将木料对开，分别掏挖后再合并缠线的工艺，应该说体现了木质容器制作上的原始和古朴。如果说这只是在制法上有了漆觚的雏形，那么常州圩墩马家浜文化遗存中发现的两件“喇叭形木器”（图 4-8-1），器表的黑色涂料“微有光泽，直观同现在的漆没有什么差别”，这是否就是最早的漆觚呢[3]？

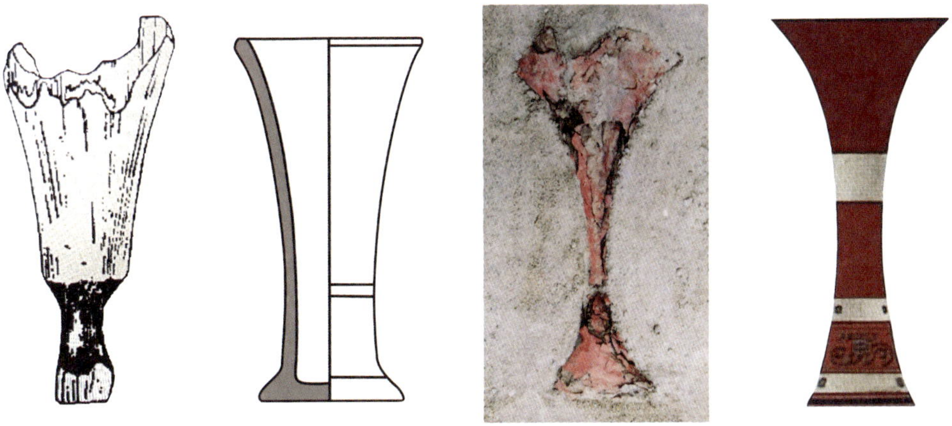

1. 圩墩喇叭形木器　　2. 二里头 M5：3（高 25.5 厘米）　　3. 大甸子 M726：7　　4. 琉璃河 M1043 复原图

图 4-8　二里头至西周漆觚

[1] 琉璃河考古队：《1981—1983 年琉璃河西周燕国墓地发掘简报》，《考古》1984 年第 5 期。
[2] 浙江省文物考古研究所：《河姆渡》，文物出版社，2003 年。
[3] 吴苏：《圩墩新石器时代遗址发掘简报》，《考古》1978 年第 4 期。

从现有的考古资料来看，以卞家山、钟家港为代表的良渚文化漆器可以说达到了我国制漆技术的一个高峰，或者说体现了新石器时代制漆业的最高水平。发现漆觚和其他漆器的卞家山、钟家港遗址正处在良渚文化中晚期，相当于传说中的舜、禹时期。有关舜作黑漆食器，禹作内髹红漆、外髹黑漆的祭器的传说，与考古发现的实物材料如此接近，很难说是一种巧合。我们甚至认为，卞家山遗址彩绘漆觚、彩绘器盖，钟家港遗址彩绘漆盘、双环耳漆盆、兽面纹把杯等漆器的出现，或许反映了良渚文化礼仪活动的复杂化、规范化，漆器及细刻纹的精致陶器可能承担了不同的礼仪功能。

从逻辑上讲，漆觚应来源于陶觚。崧泽文化时期陶觚已经出现，但它可能是受大汶口文化影响的产物。大汶口文化的陶觚有的与良渚漆觚酷似，如山东滕州岗上遗址 M1：51 觚形杯，喇叭口，束腰，器身中上部饰三周半螺旋式附加堆纹，下部饰两周平行的附加堆纹，这与良渚 A 型漆觚如出一辙；而其口径 10.3 厘米、圈足径 7.2—7.3 厘米、高 25.2 厘米，也与良渚漆觚颇为一致[1]（图 4-9）。因此有理由推断，良渚漆觚的祖源来自大汶口文化。良渚文化后续的马桥文化也有类似的陶觚发现，但奇怪的是良渚文化并未发现陶觚。这种器物链的中断可能表明良渚文化无须实用的陶觚。因为从功能上来说，觚是水器或酒器，而类似的器物在良渚文化中已有陶质的双鼻壶和宽把杯等，有无觚器似乎无关紧要。但如果要用在祭祀礼仪上，漆觚显然具有更好的特质和外表，因为经过髹漆的器物具有较强的耐酸、抗腐蚀性能，器表由此可变得坚固耐用，再经过推光和打磨，漆面还能产生迷人的光泽。可以认为良渚先民为了神圣的原始宗教

图 4-9　山东滕州岗上遗址陶觚（M1：51）

[1] 山东省文物考古研究院、上海大学文学院历史系、滕州市文化和旅游局：《山东滕州市岗上遗址南区大汶口文化墓地》，《考古》2023 年第 5 期。

和礼制专门创制了漆觚，并且与漆豆、筒形漆器等构成一个系列。虽然它们也被普通平民使用，但不太可能拿来作日常用品。正如锥形饰、珠、管等小件玉器也被普通平民拥有一样，它们可能只在礼仪场所佩戴。随身下葬漆觚，也体现了对这种器物的珍视。

就全国范围而言，从新石器时代中期一直到西周，先后出现了陶觚、漆觚和青铜觚，而后两者均被认为源自陶觚。陶觚的来源也有不同的说法，得到较多认同的是源于觚形杯或筒状杯。觚形杯最早出现于刘林墓地，盛行于大汶口文化中期，由平底演变为三足，而后发展为圈足，自成系列。受其影响，在崧泽文化的崧泽中层、海安青墩、张家港许庄等地，均发现有平底、凹底和宽矮三足觚形杯[1]。1996年，嘉兴南河浜遗址在崧泽文化墓葬中出土了平底陶觚和三足陶觚[2]。2005年，在良渚遗址群南侧的石马兜崧泽文化墓地中，也发现了多件三足陶觚[3]。而马桥文化时期的陶觚都已呈凹底[4]，与卞家山漆觚的形态较为接近。邹衡在《试论殷墟文化分歧》中认为，觚有粗细两种形态，其粗体觚应是从筒状杯而来。邹先生没有推论细体觚由何而来，不知可否理解为细体觚由粗体觚分化而来。粗细两种觚同时并存的现象开始出现于山东大汶口文化早期，到中期已很盛行，在龙山文化中更普遍存在。事实上崧泽文化和马桥文化的陶觚也可分为粗细两类（图4-10）。到“洛达庙类型文化”（即夏文化）中，仍然是粗细两体陶觚共存。到商代前期，新出现了粗细两体的铜觚，并且陶觚和铜觚都加上了圈足。在殷墟，粗细两体铜觚并存的情况仍较普遍[5]。

目前我们所看到的良渚漆觚显然属于细体觚。我们注意到，腹部饰有凸弦纹的细体陶觚在崧泽文化和马桥文化中都有发现，它们与良渚文化环形及螺旋形凸棱漆觚形成了特有的传承关系，并可能直接影响了商周青铜觚的造型。卞家山漆觚的纹饰以大红的线条填以黑漆描绘出变形的云雷纹，与商周青铜觚的纹饰已很接近。透过这件器物可以看到良渚晚期已有新的文明因素萌发，另一方面也说明良渚时期的宗教观念和礼仪制度对商周文明产生了一定影响。总之，良渚漆觚浓

---

［1］姚勤德：《徐海、太湖地区原始文化的交流》，《东南文化》1993年第5期。
［2］浙江省文物考古研究所：《南河浜——崧泽文化遗址发掘报告》，文物出版社，2005年。
［3］浙江省文物考古研究所资料。
［4］上海市文物管理委员会：《马桥：1993—1997年发掘报告》，上海书画出版社，2002年。
［5］邹衡：《试论殷墟文化分歧》，见《夏商周考古学论文集》，文物出版社，1980年。

1. 崧泽 M98：3　2. 崧泽 M74：1　3. 南河浜 M59：5　4. 石马兜 M59

5. 马桥 Ⅱ T922 ③ C：11　6. 马桥 Ⅱ T1032 ③ D：8　7. 马桥 Ⅱ T1019 ③ D：7　8. 马桥 Ⅱ T1031 ③ B：6

图 4-10　崧泽与马桥文化陶觚

缩了史前时期漆器制作的精华，它的发现，提前并延长了漆觚的使用时间，对探讨觚的发展轨迹具有重要意义。

三、髹漆工艺

中国是漆树的原产地之一，原始先民对漆树和漆液特性很早就有认识和利用。现知约有 700—800 种漆树，其中多数广泛生长于气候温暖的热带、亚热带地区。不过能够进行采集并作为“涂料”的漆树却很少，种类只有三个：漆树（Toxicodendron vernicifluum）、（黄）栌树（Cotinus coggygria）、黑漆树或缅甸红漆树

（Melanorrhoea spp.）。它们主要分布于东南亚地区，区别在于脂类成分有明显不同。生漆就是从漆树韧皮部采割流出的乳白色胶状液体（图 4–11–2），一旦接触空气后渐变为褐色乃至黑色，数小时后表面干枯硬化而生成漆皮。天然生漆包含四种成分：漆酚、漆酶、胶质和水分，干结后具有防腐、防虫、耐高温的性能，因此，涂刷天然漆保护层的器物具有密封性、耐热性、耐磨性强等优点。

图 4–11–1　漆树（张飞龙提供）

图 4–11–2　割采漆液特写（张飞龙提供）

中国也是最早出现漆器的国家，公元 7 世纪之后开始传到日本和朝鲜半岛等地。目前考古发现最早的漆器见于余姚井头山遗址，已甄别出两件漆器：一件为带销钉木器（图 4–12–1），一件为双尖棍状器（图 4–12–2），据测年均超过了距今 8000 年[1]。跨湖桥遗址的一张髹漆长弓，距今 8000 年左右（图 4–13）。稍后的河姆渡遗址也有漆碗、蝶形器和筒形漆器发现（图 4–14）。浙北地区马家浜文化时期也有漆器出土，以临平茅山遗址出土的一件壶形漆器最为典型。此器外表酷似良渚文化的双鼻壶——长颈、扁鼓腹、矮圈足，只不过没有双鼻，中间贯通，底部呈锯齿状花边；外表的漆膜可见黑色底漆和朱红面漆，和良渚漆器已十分接近[2]（图 4–15）。从这几件漆器成熟的工艺技术来看，在此之前应该还有一个漫长的认识和发展过程。毫无疑问，漆器的起源很早，有学者甚至认为，漆的利用可能要早于陶器，旧石器时代晚期的原始人，就可能在采集和

[1] 宋瑞雪：《浙江井头山遗址 8000 多年前的木漆器出土》，《中国生漆》2021 年第 2 期。
[2] 中国江南水乡文化博物馆：《余杭考古·新石器时代》，西泠印社出版社，2012 年。

图 4-12　井头山漆器

图 4-13　跨湖桥漆弓

图 4-14　河姆渡漆器

图 4-15　茅山漆器

狩猎活动中已发现和认识漆树与漆的特性。漆液最初可能作为黏合剂或毒剂使用，也可能作为颜料使用在早期的岩画上或原始的宗教活动中，后来才慢慢用于封护和美化器物。

最初用漆可能只是在器物上描绘图案，仅仅作为装饰，后来才慢慢涂饰于整器，有了底漆和彩漆之分。这时的漆器表面就有了一层保护膜，加上一些装饰图案，于是就有了防腐、隔离、光洁、美观的功能。因为有防渗、防挥发、防腐蚀的特殊功效，漆器非常适合用来盛装酒类等液体。而酒往往与宗教活动有关，因此，许多漆器可能是具有礼仪性质的酒器。

早期的漆器实际上就是髹漆的木器，是由木器手工业分化出来的手工门类，也是先民们追求美、创造美的产物。经过髹漆的器物具有较强的耐酸、抗腐蚀性能，器表由此可变得坚固耐用。经过推光和打磨，漆面还能产生诱人的光泽。据研究，漆器的产生经历了三个阶段：先是在木器上涂刷颜料粉末或水彩，然后用某种涂料调配颜色涂饰木器，最终选用漆调配颜色涂饰木器，至此真正的漆器诞生。

《髹饰录》是现存最早的一部解析漆器工艺的专著，也是我国古代漆器的经典著作。作者为黄成，号大成，明代隆庆时（1567—1572）安徽新安平沙人，杰出的民间髹漆名匠。他总结了前人及自己的经验写成《髹饰录》，较全面地叙述了髹漆工艺的各个方面。此书在天启五年（1625）又由嘉兴西塘杨明（号清仲）逐条加注，并撰写了序言。全书分为乾、坤两集，共 18 章 186 条。乾集论述漆器制造的原理、工具、方法，还列举了各种漆器可能产生的弊病和原因；坤集叙述漆器分类和各种漆器的几十种装饰手法。《髹饰录》总结了我国古代漆器工艺的丰富经验，内容包括制漆设备和工具、制漆要点、漆器装饰方法、漆器胎骨等，其工艺流程和基本方法与良渚时期应该相差不大。

（一）胎质

良渚漆器的胎骨大多为木胎。崧泽晚期至良渚早期一度出现陶胎漆器，有些学者将其归入彩绘陶。这类器物目前发现十来件，见于海盐王坟、海盐仙坛庙、桐乡普安桥、吴江梅堰、吴江团结村等地，器型主要为杯、豆、壶、罐等。从反山贵族墓地出土的囊形器来看，可能也有皮革胎。小青龙遗址出土的带形漆器 M14：14，边缘有两条平行的细线槽，槽内有均匀分布的针孔，似乎也为皮革缝制而成。除此之外，大部分漆器均为木胎。根据器型和体量，木质的胎壁有厚有薄，厚的可达数厘米，薄的只有几毫米。同一件器物的不同部位，厚薄也不一致，比如漆觚，口部最薄呈尖圆形，然后往底部逐渐增厚，至器底厚度达两三厘米。钟家港 T2621 黑漆杯，除口部较薄，其余胎体基本匀称，厚约 0.68 厘米。钟家港 T0820 镂孔方盒，壁厚 1.46 厘米，底厚 1.41 厘米，器壁和器底的厚度基本一致。钟家港 T1307 双环耳漆盆，则底部较器壁明显要薄，壁厚 2.55 厘米，底厚仅 1.18 厘米。

（二）漆灰

良渚时期髹漆的第一步是否为上漆灰（俗称瓦灰），目前尚无明确的检测分析报告。所谓漆灰，是灰和漆的调和物，常用于漆器素胎上，起到平整表面、加固胎体的作用。据《髹饰录》记载，漆灰有很多种，包括角、骨、蛤、石、砖、瓦、瓷、炭等捣成的碎末。据考古发掘报告，陶寺遗址出土的部分漆豆和漆案是有漆灰的，即在刷漆前先涂一层白色细腻乳状物。有的则没有漆灰，木胎上先涂一层黑色胶状物，也就是底漆。陶寺漆器有的上漆灰，有的不上漆灰，说明是有选择性的，可能是要求较高的器物，或者胎壁不甚光洁的需要上漆灰。从已检测的良渚漆觚的漆层电镜图片上看，漆觚最贴近胎体的是一层黑色胶状物，那应该就是底漆。目前来看，良渚漆器制作过程中应该是不上漆灰的，这可能是良渚文化制漆工艺的一个特征。

（三）漆膜颜料

良渚漆器的颜色多为红色，局部为黑色，偶见黄色和白色。以漆觚为例，漆觚上涂饰的漆以红、黑为主，偶见黄色。外壁大多涂满朱漆，有的凸棱部分未见朱漆而露木胎（如卞家山 G1 ②：207、卞家山 G1 ②：237），从整齐的边线来看不像是朱漆自然剥落而应是有意留白所致（图 4–16–3）。卞家山 G1 ②：124 器表斑驳的朱漆下露出黑面，可能是黑色底漆（图 4–16–1）。卞家山 G1 ②：248 同样有黑色底漆，其凸棱部分未髹朱漆，故露出了黑色的底漆。而在卞家山 G2 ② B：70，外壁涂满黑色底漆后，仅在凸棱之间涂饰朱漆，局部还有黄漆，器身大部分以黑色的底漆示人（图 4–16–2）。器底有的涂满朱漆（如卞家山 G1 ②：131），正常情况下看不出木塞，变形后隐约可见木塞痕迹（图 4–17–2），有的则直露木胎未予髹漆（如卞家山 G2 ② B：70）。卞家山 G1 ②：248 的底部较复杂，整个先涂

1. 黑色底漆红色面漆　　2. 黑色底漆红色与黄色饰漆　　3. 凸棱露木胎

图 4-16　漆觚凸棱上的髹漆处理

1.G1 ②：248　　2.G1 ②：131

图 4-17　漆觚底面塞子部位髹漆

黑色的底漆，然后将内凹部分涂成朱漆，但芯部木塞部分仍留出黑色的底漆（图 4-17-1）。

根据漆面的切片显微观察，良渚漆膜的层理十分清楚，每器 3—5 层不等，似乎有底漆、中漆、面漆之分，与现代的髹漆工艺大体一致。每层漆膜的厚度也不一致，据日本学者神谷嘉美的取样分析，样品 A 有四层，漆层厚度分别为 40.63 μm、40.73 μm、31.63 μm 和 26.93 μm；样品 B 有两层，漆层厚度分别为 11.86 μm 和 20.95 μm；样品 C 有两层，漆层厚度分别为 10.02 μm 和 22.2 μm[1]。

[1] 神谷嘉美：《田螺山遺跡・良渚遺跡群出土漆器のモノづくり技術》，《河姆渡と良渚—中国稲作文明の起源》，雄山閣，2020 年。

漆层颜色能看出黑色、暗褐、棕红、朱红多种，前两种有可能是天然大漆自然氧化所致，后两种一定是加入颜料调制过的。古代漆器所使用的红色颜料主要为两种，一种是以汞为主的颜料，主要由粉碎朱砂得到的硫化汞（HgS）组成；另一种是以三氧化二铁（Fe_2O_3）为主，以及其他呈现红色调的铁的氧化物组成。个别标本的朱漆层内有细细的亮黄色颗粒状物，经检测正是朱砂（图 4–18），说明鲜红的朱漆是用朱砂调出来的。朱砂调制的漆膜通常只用于外层，即面漆，因为这种朱漆色泽鲜艳且不易褪色。

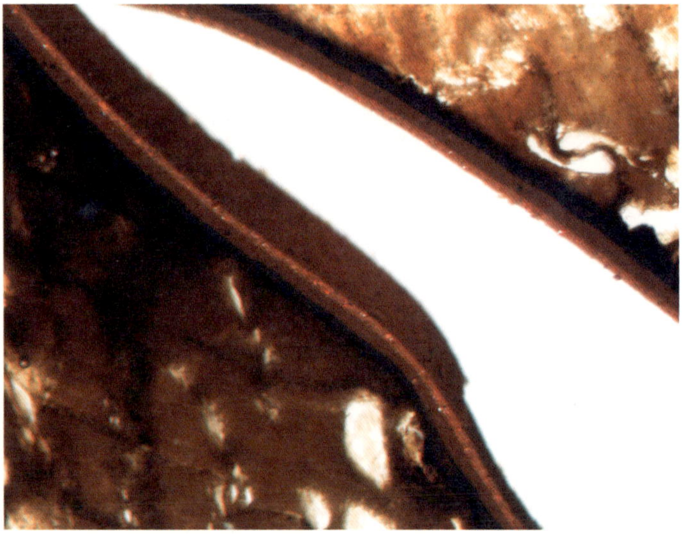

图 4–18　外壁漆膜切片显微朱砂成分

中国丝绸博物馆周旸曾对良渚古城西城墙葡萄畈遗址出土的一件黑陶杯固结状残留物做过实验室分析，通过与木胎红漆样本的比对，得出黑陶杯是调制生漆的用具的结论，而对比样本中的红色颜料为朱砂，胶结材料为大漆[1]。日本学者神谷嘉美也对田螺山河姆渡文化漆器和卞家山、钟家港等良渚文化漆器做过比较研究，通过多项技术指标分析后得出结论，良渚漆器较之河姆渡文化漆器，从调色到制作技术都有了跨越式发展。笔者也关注到钟家港遗址有三件陶杯附着漆液

[1] 周旸：《良渚古城遗址出土漆器检测报告》，见《良渚古城综合研究报告》，文物出版社，2019 年，第 473—476 页。

图 4-19　调漆杯

残留（图 4-19），肉眼可见容器内部覆盖数层漆膜，容器的口沿处留有清晰的液体附着痕迹，因而推断这些陶杯是多次使用的漆液储存容器，里面盛满了漆液直至接近溢出，表明这是良渚制漆匠人处理漆液和调配颜料的容器，由此推断良渚文化时期应该存在专门制作漆器和颜料的匠人或作坊[1]。

红黑两色作为漆器的主色调，其实早已出现。天然生漆受氧化后会变成暗褐色或黑色，但这种暗褐或黑色并不稳定，在潮湿的环境中会变浅。纯正的黑漆是在天然漆液中加入黑炭粉生成的，这种炭粉极易获得，如木柴经燃烧后的黑烟、黑灰采集后即可使用，因此黑色自然也最先出现在髹漆工艺里。红色主要是在天然漆中调入了赤铁矿和朱砂颜料。跨湖桥遗址出土的漆弓，经实验室分析，可分为暗红色变质的漆表膜、漆层、单色漆下层、木胎四部分。红外光谱分析，其主要的吸收峰与现代生漆完全一致，红色颜料的荧光 X 射线定性分析为氧化铁。河姆渡漆碗外表那层微显光泽的朱红色涂料，经鉴定其光谱与湖南长沙马王堆出土漆皮的裂介色谱图相似，故确定为漆，而红彩成分为朱砂。晚于良渚文化的漆器，

[1] 神谷嘉美：《田螺山遺跡・良渚遺跡群出土漆器のモノづくり技術》，《河姆渡と良渚—中国稲作文明の起源》，雄山閣，2020 年。

其颜料大部分仍为朱砂和赤铁矿，同时增加了一些新的矿物颜料。例如陶寺墓地的漆木器经过批量检测，对呈现的红、黄、绿、白四种颜色共23份样品进行了发射光谱定性分析，得出的结论是：红颜料一为朱砂，二为黄磷铁矿；黄颜料也是黄磷铁矿，只不过其主要元素和微量元素不同导致了颜色变化，部分显红色，部分显黄色；绿颜料的主矿物为孔雀石；白颜料主矿物为方解石；另有少量赭色颜料，可能是赤铁矿粉末所制[1]。

良渚漆器要刷2—5道漆，每一层漆膜都需要打磨，当时的打磨工具是什么？是类似木贼草之类的草，还是兽皮或其他什么材料，尚待揭示。

（四）绘纹

良渚文化带纹饰的漆器屈指可数，目前所见块体较大或器型明确的只有五件，但件件不同，件件精彩。最早发现的带纹饰漆器，是1990年出土的庙前H2残漆盘，通体髹朱漆，外侧饰有黑漆描绘的折角云雷纹几何图案。然后是2004年卞家山G1出土的髹漆彩绘残器盖，椭圆形隆起的盖面涂暗红色面漆，面漆之上绘有黑底朱线的变形鸟纹，勾勒纹样的朱漆以朱砂调制，十分鲜艳。翌年卞家山G1又出土一件彩绘漆觚残器，该漆觚有两组凸棱，上组三圈，下组两圈，整器外表髹朱漆，但两组凸棱部分涂黑漆，并以朱漆描绘云雷纹填直线纹图案。2017年钟家港遗址T0519又出土一件彩绘漆盘，通体髹黑色底漆，外侧及内壁加涂朱红面漆；侧边以双黑线填浅色描绘几何图案，上部呈长方形单元，下部为半圆形单元，单元内外再填双钩直线和弧线。同一年钟家港遗址T0916还发现一件彩绘鸟头，细颈，颈部有一圈带状凸棱，眼睛部位为大穿孔，喙部较长，喙尖残；通体髹朱漆，再以黑漆线绘复杂图案，颈部为圈带纹，眼部穿孔两侧为重圈纹，颈部正面及头顶部有“介”字纹，喙部两侧为羽状纹。很明显，这五件彩绘漆器均出自良渚遗址群，其中卞家山两件、钟家港两件、庙前一件。器型上两件为盘、一件器盖、一件觚，即四件为容器或容器配件，另一件鸟头残件可能为鸠杖的杖首。纹饰用彩以黑红相间为主，图案风格既有商周云雷纹气息，又有楚地变形鸟纹神韵，颇有超前和穿越之感（图4-20）。

---

[1] 中国社会科学院考古研究所实验室：《陶寺遗址陶器和木器上彩绘颜料鉴定》，《考古》1994年第9期。

图 4-20　良渚漆器上的彩绘

（五）嵌玉

玉是稀有矿物，中国人有尚玉传统，往往用玉来制作奢侈品，通过占有和穿戴等方式显示拥有者高贵的身份和地位。良渚漆器中有一部分镶嵌玉粒或玉片，这些漆器显然身价非同寻常。最著名的是反山 M12 的嵌玉漆杯，胎体已朽，全器表面涂抹黑色底漆，器身以朱漆绘满螺旋纹，颈部饰朱漆弦纹；通体镶嵌大小不等的玉粒 141 颗，玉粒小如芝麻状，大者似黄豆，镶嵌在螺旋形纹样的内心和旋纹上；呈现的图案是云气裹星的浩瀚宇宙，工艺繁复，装饰极为华丽。反山 M12 还出土了一件嵌玉漆圆盘，中间镶嵌圆形玉片，外廓有一圈朱漆痕隆起于器表；圆形玉片正面弧凸，背面平整；内面和朱漆外廓嵌有 181 颗米粒状或细长的玉粒。瑶山 M9 出土一件嵌玉漆觚，仅存带漆皮的轮廓，出土时仍有光泽；中腰和底部各嵌有一周玉粒，玉粒正面弧凸，背面平整。反山墓地还出土了两件囊形漆器，皆有玉塞，是玉和漆器组合的另一种形式。

反山和瑶山是良渚遗址群最重要的顶级贵族墓地，嵌玉漆器在这两个墓地出现十分正常。令人惊讶的是，远在浙西南山区的好川遗址，也发现了嵌玉漆器，而且数量不少。保存稍好的只有两件，一件为好川M8出土的嵌玉觚形器，木胎已朽，残存亚腰形朱漆痕，两端有穿棍痕迹；表面附着18粒玉片，形状以圆角长方形居多，也有少量圆形和扁圆形，大多箍状分布于下腰和口部；玉片为叶蜡石材质，正面弧凸，底面平。另一件为好川M39发现的嵌玉漆器，木胎已朽，残存长条形朱漆痕，一端较宽；有10粒玉石片呈两圈附着于漆痕上；玉石片质地为青绿色叶蜡石，正面抛光，背面磨平，形状有长方形、椭圆形、不规则形三种。好川M60还发现一件器型难辨的嵌玉漆器，现场发现22片形状不同的软玉玉片密集散布于15厘米×13厘米的范围内，其中包含祭坛形2片、冠状饰形1片、梯形1片、圆形2片、立鸟侧视形2片、长方形3片、等腰三角形9片。长方形和圆形围合构成漆器的上下两端；三角形玉片均窄长，面积很小，正面抛光，背面磨平；其余均为曲面体，正面抛光，背面打磨未抛光。这些玉饰应该是粘接在圆柱形漆器上的装饰，而且排列有讲究（图4–21）。

1. 出土状况　　2. 玉饰片全影

图4–21　好川玉饰片

结　语

堙没了四五千年的良渚文化物质遗存，绝大部分已经损毁，留下的只是极少一部分。而木质遗存在南方酸性土壤中更不易保存，能够保留至今的可谓凤毛麟角。尽管如此，我们还是在考古发掘、取土活动中发现了一些良渚时期的木质遗存，其中有的保存仍相当完好。从某种程度上，这也暗示了良渚时期的木质遗存可能远比我们想象的要丰富和精彩。

1956年发掘的吴兴钱山漾遗址首先确认了良渚文化木质遗存，潜水面以下的第四层“灰黑色软土”中包含着大量有机质遗存，其中有木桨、木千篰、木杵等木器。两年后，杭州水田畈遗址再次发现良渚文化木桨和木杵，并获得一个由完整块木刳成的木盆。此后在浙江嘉兴雀幕桥、湖州花城、嘉善新港，江苏昆山太史淀、江阴璜塘埣、吴县澄湖、吴江龙南等地陆续有所发现，但以井壁构件居多。自20世纪80年代后期以来，浙江余杭良渚遗址群内的庙前、茅庵里、严家桥、卞家山、横圩里、钟家港、石前圩等遗址又不断有木质遗存发现，木器器种进一步增加，木构窖藏、与建筑相关的复杂木构件和排桩不时出现。直到今天，良渚时期的木质遗存已有相当程度的显山露水，种类也较丰富，已到了无法让我们忽视的程度。尤其是良渚古城内的卞家山遗址和钟家港遗址，木质遗存占有相当的比重，不但发现了大批排列有序的木桩，还出土了木屐、木槌、木锸、木桨、木盒、木器盖、木球、木陀螺等许多木器，甚至出现了觚、豆、盘、钵、双耳盆、鸟首形器等精湛的木胎漆器。看来木质遗存在良渚时期的日常生活中已占据重要地位，今天我们可以肯定地说：良渚时期已广泛使用木质材料，它们被应用于现实生活中的方方面面，包括各种形式的礼仪活动中。成熟的木作业已成为良渚时期重要的手工业门类，在此基础上衍生的髹漆技术，也成为独立且体系化的手工门类。

良渚漆木器散布于良渚文化基本分布区，标志性的漆觚也见于周边的辐射区，但大型木构件和漆器主要发现于良渚古城地区，也即良渚文化的核心区。从其出土位置和器物特征判断，大型木构件和漆器应是礼仪制度的一部分，与权力中心存在正向对应关系。大型木构件多见于莫角山宫殿区东侧的钟家港遗址，陆续发现了多批次大型木构件，长度达7—17米，有的已是方料构件的半成品。这些木构件显然是莫角山礼制性建筑的备用材料，表明紧贴莫角山的钟家港曾是宫殿建设的原材料供应地和粗加工场所。而良渚漆器目前以卞家山和钟家港遗址出土最为丰富，保存状况也最佳，足以代表良渚漆器的最高水平。概括起来，良渚漆器工艺成熟，器型众多，造型优美，纹饰自成一格，与良渚玉器和陶器的纹样明显不同。漆觚是良渚漆器的主要器型，其束腰带凸棱的造型可能已采用简单的车削技术制坯，内壁掏膛采用了烧灼刮炭的方法，漆觚内底则先凿空，最后用塞子闭合，可能考虑了器物使用过程中的收缩开裂问题。涂饰的漆膜以红漆为主，辅以黑色，以赤铁矿为主要呈色剂，多层叠加，最表一层往往调以朱砂呈现鲜艳的红色，而用于纹样构图的黑色则用炭粉调制成纯黑色。纹饰多为红黑互衬，间或嵌以玉粒，偶用黄彩等其他颜色，已出现黑线勾图再填色的绘画技术。部分纹饰与商周青铜器的云雷纹及春秋战国楚风漆器的变形鸟纹气韵相通。总之，拥有漫长历史积淀的良渚漆器，是目前所见国内最成熟和发达的史前漆器；漆器技术连续发展的长江下游，是我国漆器的重要起源地；而其高峰时期的良渚漆器，显示出中国漆器有一个早熟的童年。

良渚木器作为普及性的日用产品，应用于生产生活的各个方面。而良渚漆器是玉器之外的又一种礼制产品，一方面它是文明化进程中的产物，另一方面也是良渚文明体系的组成部分。良渚漆器的造型和种类几乎都是根据礼仪需要而专门设计的，以漆觚为主角，表明仪式场合中饮酒或以酒洒地（祼礼）是必备的程序。其他以漆豆、漆盘、漆盆较为常见，主要用于盛放各种仪式食物。也有独特造型的漆器，如双环耳漆盆、兽面纹单把漆杯等，应用于非常隆重高级的礼仪场合。可以说，良渚漆器基本上都是礼仪场合使用的专用器皿，它和良渚玉器一样属于观念性产品。作为“国之重器”，制漆和琢玉是当时的特种行业，工匠们不惜工本倾注毕生精力，创造了良渚文明体系之中彪炳千秋的两大物质成就。玉器平时可能盛放于漆盒之中，取用时或用髹漆托盘端出，漆器也会以玉粒或玉片镶嵌器身，两者各司其职，彼此映衬，琴瑟和鸣，共同奏响良渚礼制文明的华丽乐章。

后　记

我关注良渚漆木器始于卞家山遗址的考古发掘。2003 年卞家山遗址第一次发掘时，就发现了由埠头和栈桥折角相连的木构码头遗迹，还出土了木锸、木桨、木槌、木构件、木陀螺等大批木器，漆器只发现了一块黑底红边的近方形残片，因为块体较小，形状不明。2004 年第二次发掘时出土了一件木锨叶片，漆器有两件，一件为黑底红边的器把残段，另一件为体形较大的椭圆形器盖残片，隆鼓的暗红色器表，描绘了黑地朱红彩的变形鸟纹。这件彩绘髹漆器盖的出土着实让我吃惊不小，没想到良渚时期的漆器还能保存得这么好，不光木胎硬实，漆膜也鲜艳如初，其纹样更是别具一格。2005 年第三次发掘时，又发现了大木墩、木箕等木器，更加意外的是一大批觚、豆、盆、筒形器等漆器赫然面世，其中漆觚的个体至少有 7 个。三次发掘共出土编号漆木器 77 件，其中漆器达 30 件，创造了史前遗址出土漆木器数量和质量的奇迹。卞家山遗址的发掘就像打开了一扇窗，完全颠覆了之前人们对良渚漆木器的模糊印象，尤其是漆器，从器型到工艺到纹饰，都刷新了人们对良渚漆器的认知。

2004 年，为参加“中国博物馆学会史前遗址博物馆专业委员会第五届学术研讨会”，我撰写了《良渚文化木质遗存初探》一文。此文后来发表于《南方文物》2012 年第 4 期。2006 年 7 月，应约在《典藏》杂志发表《良渚漆器　横空出世》一文。

2006 年下半年和 2007 年上半年，我又主持了余杭南湖遗址的调查和发掘，清理多处排桩和木构遗迹，并采集到木耜、木槌、木锤、带柄石锛、木杯、木剑、木棒槌、木屐、木陀螺等大批木器，以及漆剑、彩绘髹漆器柄等。这是继卞家山遗址之后又一个出土漆木器较多的遗址，可惜因出自厚厚的古河道沙土沉积中，没有明确的地层关系，器物年代存在较大跨度。从陶器看，马家浜、崧泽、良渚、马桥和汉代文物均有，因此无法断定哪些漆木器属于良渚文化。只有漆剑做过碳十四测年，结果是距今 4500 年左右，落在良渚文化年代范畴。

2008 年良渚博物院征集到南湖遗址出土的三件带柄石锛，分别采用斧头式、标枪式和刨子式三种装柄方法。稍后，浙江省博物馆也征集到一批南湖出土的带柄石器。结合民间收藏机构和私人收藏的带柄石器，我做了一些研究，先后发表了两篇文章，一篇为《良渚文化石器装柄技术的重要物证》，发表于《东方博物》第二十八辑（2008 年 9 月）；一篇为《良渚文化石器装柄技术探究》，发表于《南方文物》2008 年第 3 期。2011 年，在嘉兴举行的中国考古学会第十四次年会上，我又撰写了《良渚文化漆觚的发现和研究》一文，对良渚漆觚作了较为深入的剖析，随后该文被收入《中国考古学会第十四次年会论文集》。

2016 年至 2018 年，良渚古城东侧的钟家港遗址由南往北进行多次发掘，出土了大量漆木器，包括一些巨型的木构件。《良渚古城综合研究报告》《良渚王国》及《钟家港中段发掘简报》先后发表了部分钟家港漆木器资料。这批漆木器实物由良渚工作站廖文艳女士负责保管和处理，她是良渚工作站库房的“大管家”。

2020 年本人申报了与南京大学王晓琪老师合作的“饱水木质文物加固脱水方法比较研究”课题，主要以卞家山、钟家港和田螺山遗址的木器标本为研究对象。课题实施过程中得到廖文艳女士的大力支持，由此接触到浸泡于水中或已处理过的钟家港漆木器。除了漆觚和漆豆，钟家港还出土了一些新颖独特的漆木器，无论在种类上、数量上还是品质上，都不逊色于卞家山遗址。事实上，它比卞家山更贴近莫角山宫殿区。

2022 年 1 月，方向明所长交给我一项任务：编撰《浙江出土漆器大全》图录。经过搜索和摸底，我发现浙江的史前漆器在全国独领风骚，而良渚漆器更是特别出彩。编写过程中，根据廖文艳提供的钟家港漆木器清单，了解到钟家港的漆木器总数超过百件，其中可辨器型的漆器数量就有 20 多件。我也多次到良渚工作站观摩实物，还授意张念哲描绘过双环耳漆盆的复原图，本人也描绘了兽面把漆杯的复原图——这是目前良渚神像出现在漆器上的唯一一例。

《良渚漆木器》书稿在良渚遗址管理区管委会的支持和良渚博物院的积极推动下，于 2023 年底前交稿。

此书的完成也算是我对良渚漆木器的一个小小总结。撰稿过程中其实发现了很多值得探究的细节问题，因此，本书或许也能为良渚漆木器的深入研究，起到抛砖引玉的作用。

赵　晔

2023 年 8 月 28 日

图书在版编目（CIP）数据

质朴与艳丽：良渚漆木器 / 赵晔著 . -- 杭州：浙江古籍出版社，2024.3

ISBN 978-7-5540-2850-6

Ⅰ . ①质… Ⅱ . ①赵… Ⅲ . ①良渚文化—漆器（考古）—研究 Ⅳ . ① K876.74

中国国家版本馆 CIP 数据核字 (2024) 第 045044 号

质朴与艳丽：良渚漆木器

赵　晔　著

出版发行　浙江古籍出版社

（杭州体育场路 347 号　电话：0571-85068292）

责任编辑　徐晓玲

责任校对　吴颖胤

责任印务　楼浩凯

照　　排　杭州立飞图文制作有限公司

印　　刷　浙江海虹彩色印务有限公司

开　　本　710mm × 1000mm　1/16

印　　张　11.25

字　　数　202 千字

版　　次　2024 年 3 月第 1 版

印　　次　2024 年 3 月第 1 次印刷

书　　号　ISBN 978-7-5540-2850-6

定　　价　68.00 元

“杭州全书”

“存史、释义、资政、育人”

全方位、多角度地展示杭州的前世今生

- 杭州全书
  - 杭州文献集成
    - 西湖文献集成
    - 西溪文献集成
    - 运河（河道）文献集成
    - 钱塘江文献集成
    - 良渚文献集成
    - 湘湖（白马湖）文献集成
  - 杭州丛书
    - 西湖丛书
    - 西溪丛书
    - 运河（河道）丛书
    - 钱塘江丛书
    - 良渚丛书
    - 湘湖（白马湖）丛书
  - 杭州通史
    - 西湖通史
    - 西溪通史
    - 运河（河道）通史
    - 钱塘江通史
    - 良渚通史
    - 湘湖（白马湖）通史
  - 杭州辞典
    - 西湖辞典
    - 西溪辞典
    - 运河（河道）辞典
    - 钱塘江辞典
    - 良渚辞典
    - 湘湖（白马湖）辞典
  - 杭州研究报告
    - 西湖研究报告
    - 西溪研究报告
    - 运河（河道）研究报告
    - 钱塘江研究报告
    - 良渚研究报告
    - 湘湖（白马湖）研究报告

《杭州全书》已出版书目

文献集成

杭州文献集成

1.《武林掌故丛编(第1—13册)》(杭州出版社2013年出版)
2.《武林往哲遗著(第14—22册)》(杭州出版社2013年出版)
3.《武林坊巷志(第23—30册)》(浙江人民出版社2015年出版)
4.《吴越史著丛编(第31—32册)》(浙江古籍出版社2017年出版)
5.《杭郡诗辑(续辑、三辑)》(第33–40册)(浙江古籍出版社2021年出版)
6.《咸淳临安志(第41—42册)》(浙江古籍出版社2017年出版)

西湖文献集成

1.《正史及全国地理志等中的西湖史料专辑》(杭州出版社2004年出版)
2.《宋代史志西湖文献专辑》(杭州出版社2004年出版)
3.《明代史志西湖文献专辑》(杭州出版社2004年出版)
4.《清代史志西湖文献专辑一》(杭州出版社2004年出版)
5.《清代史志西湖文献专辑二》(杭州出版社2004年出版)
6.《清代史志西湖文献专辑三》(杭州出版社2004年出版)
7.《清代史志西湖文献专辑四》(杭州出版社2004年出版)
8.《清代史志西湖文献专辑五》(杭州出版社2004年出版)
9.《清代史志西湖文献专辑六》(杭州出版社2004年出版)
10.《民国史志西湖文献专辑一》(杭州出版社2004年出版)

11.《民国史志西湖文献专辑二》(杭州出版社2004年出版)

12.《中华人民共和国成立50年以来西湖重要文献专辑》(杭州出版社2004年出版)

13.《历代西湖文选专辑》(杭州出版社2004年出版)

14.《历代西湖文选散文专辑》(杭州出版社2004年出版)

15.《雷峰塔专辑》(杭州出版社2004年出版)

16.《西湖博览会专辑一》(杭州出版社2004年出版)

17.《西湖博览会专辑二》(杭州出版社2004年出版)

18.《西溪专辑》(杭州出版社2004年出版)

19.《西湖风俗专辑》(杭州出版社2004年出版)

20.《书院·文澜阁·西泠印社专辑》(杭州出版社2004年出版)

21.《西湖山水志专辑》(杭州出版社2004年出版)

22.《西湖寺观志专辑一》(杭州出版社2004年出版)

23.《西湖寺观志专辑二》(杭州出版社2004年出版)

24.《西湖寺观志专辑三》(杭州出版社2004年出版)

25.《西湖祠庙志专辑》(杭州出版社2004年出版)

26.《西湖诗词曲赋楹联专辑一》(杭州出版社2004年出版)

27.《西湖诗词曲赋楹联专辑二》(杭州出版社2004年出版)

28.《西湖小说专辑一》(杭州出版社2004年出版)

29.《西湖小说专辑二》(杭州出版社2004年出版)

30.《海外西湖史料专辑》(杭州出版社2004年出版)

31.《清代西湖史料》(杭州出版社2013年出版)

32.《民国西湖史料一》(杭州出版社2013年出版)

33.《民国西湖史料二》(杭州出版社2013年出版)

34.《西湖寺观史料一》(杭州出版社2013年出版)

35.《西湖寺观史料二》(杭州出版社2013年出版)

36.《西湖博览会史料一》(杭州出版社2013年出版)

37.《西湖博览会史料二》(杭州出版社2013年出版)

38.《西湖博览会史料三》(杭州出版社2013年出版)

39.《西湖博览会史料四》(杭州出版社2013年出版)

40.《西湖博览会史料五》(杭州出版社2013年出版)

41.《明清西湖史料》(杭州出版社2015年出版)

42.《民国西湖史料(一)》(杭州出版社2015年出版)

43.《民国西湖史料(二)》(杭州出版社2015年出版)

44.《西湖书院史料（一）》（杭州出版社 2016 年出版）
45.《西湖书院史料（二）》（杭州出版社 2016 年出版）
46.《西湖戏曲史料》（杭州出版社 2016 年出版）
47.《西湖诗词史料》（杭州出版社 2016 年出版）
48.《西湖小说史料（一）》（杭州出版社 2016 年出版）
49.《西湖小说史料（二）》（杭州出版社 2016 年出版）
50.《西湖小说史料（三）》（杭州出版社 2016 年出版）

西溪文献集成

1.《西溪地理史料》（杭州出版社 2016 年出版）
2.《西溪洪氏、沈氏家族史料》（杭州出版社 2015 年出版）
3.《西溪丁氏家族史料》（杭州出版社 2015 年出版）
4.《西溪两浙词人祠堂·蕉园诗社史料》（杭州出版社 2016 年出版）
5.《西溪蒋氏家族、其他人物史料》（杭州出版社 2017 年出版）
6.《西溪诗词》（杭州出版社 2017 年出版）
7.《西溪文选》（杭州出版社 2016 年出版）
8.《西溪文物图录·书画金石》（杭州出版社 2016 年出版）
9.《西溪宗教史料》（杭州出版社 2016 年出版）

运河（河道）文献集成

1.《杭州运河（河道）文献集成（第 1 册）》（浙江古籍出版社 2018 年出版）
2.《杭州运河（河道）文献集成（第 2 册）》（浙江古籍出版社 2018 年出版）
3.《杭州运河（河道）文献集成（第 3 册）》（浙江古籍出版社 2018 年出版）
4.《杭州运河（河道）文献集成（第 4 册）》（浙江古籍出版社 2018 年出版）

钱塘江文献集成

1.《钱塘江海塘史料（一）》（杭州出版社 2014 年出版）
2.《钱塘江海塘史料（二）》（杭州出版社 2014 年出版）
3.《钱塘江海塘史料（三）》（杭州出版社 2014 年出版）
4.《钱塘江海塘史料（四）》（杭州出版社 2014 年出版）
5.《钱塘江海塘史料（五）》（杭州出版社 2014 年出版）

6.《钱塘江海塘史料（六）》（杭州出版社 2014 年出版）
7.《钱塘江海塘史料（七）》（杭州出版社 2014 年出版）
8.《钱塘江潮史料》（杭州出版社 2016 年出版）
9.《钱塘江大桥史料（一）》（杭州出版社 2015 年出版）
10.《钱塘江大桥史料（二）》（杭州出版社 2015 年出版）
11.《钱塘江大桥史料（三）》（杭州出版社 2017 年出版）
12.《海宁专辑（一）》（杭州出版社 2015 年出版）
13.《海宁专辑（二）》（杭州出版社 2015 年出版）
14.《钱塘江史书史料（一）》（杭州出版社 2016 年出版）
15.《城区专辑》（杭州出版社 2016 年出版）
16.《之江大学专辑》（杭州出版社 2016 年出版）
17.《钱塘江小说史料》（杭州出版社 2016 年出版）
18.《钱塘江诗词史料》（杭州出版社 2016 年出版）
19.《富春江、萧山专辑》（杭州出版社 2017 年出版）
20.《钱塘江文论史料（一）》（杭州出版社 2018 年出版）
21.《钱塘江文论史料（二）》（杭州出版社 2017 年出版）
22.《钱塘江文论史料（三）》（杭州出版社 2017 年出版）
23.《钱塘江文论史料（四）》（杭州出版社 2017 年出版）
24.《钱塘江渔业史料》（杭州出版社 2017 年出版）
25.《钱塘江笔记史料》（杭州出版社 2018 年出版）
26.《钱塘江史书史料（二）》（杭州出版社 2019 年出版）
27.《钱塘江明清实录史料》（杭州出版社 2019 年出版）
28.《钱塘江省府志史料》（杭州出版社 2019 年出版）
29.《钱塘江县志史料》（杭州出版社 2019 年出版）
30.《钱塘江绘画图录（山水卷）》（杭州出版社 2022 年出版）
31.《钱塘江绘画图录（版画卷）》（杭州出版社 2022 年出版）

良渚文献集成

《良渚考古发掘史料集成（全十册）》（浙江古籍出版社 2023 年出版）

余杭文献集成

《余杭历代人物碑传集（上下）》（浙江古籍出版社 2019 年出版）

湘湖（白马湖）文献集成

1.《湘湖水利文献专辑（上下）》（杭州出版社 2013 年出版）
2.《民国时期湘湖建设文献专辑》（杭州出版社 2014 年出版）
3.《历代史志湘湖文献专辑》（杭州出版社 2015 年出版）
4.《湘湖文学文献专辑》（杭州出版社 2019 年出版）
5.《湘湖师范期刊文献专辑（一）》（杭州出版社 2021 年出版）

丛　书

杭州丛书

1.《钱塘楹联集锦》（杭州出版社 2013 年出版）
2.《艮山门外话桑麻（上下）》（杭州出版社 2013 年出版）
3.《钱塘拾遗（上下）》（杭州出版社 2014 年出版）
4.《说杭州（上下）》（浙江古籍出版社 2016 年出版）
5.《钱塘自古繁华——杭州城市词赏析》（浙江古籍出版社 2017 年出版）
6.《湖上笠翁——李渔与杭州饮食文化》（浙江古籍出版社 2018 年出版）
7.《行走杭州山水间》（杭州出版社 2021 年出版）

西湖丛书

1.《西溪》（杭州出版社 2004 年出版）
2.《灵隐寺》（杭州出版社 2004 年出版）
3.《北山街》（杭州出版社 2004 年出版）
4.《西湖风俗》（杭州出版社 2004 年出版）
5.《于谦祠墓》（杭州出版社 2004 年出版）
6.《西湖美景》（杭州出版社 2004 年出版）
7.《西湖博览会》（杭州出版社 2004 年出版）
8.《西湖风情画》（杭州出版社 2004 年出版）
9.《西湖龙井茶》（杭州出版社 2004 年出版）
10.《白居易与西湖》（杭州出版社 2004 年出版）
11.《苏东坡与西湖》（杭州出版社 2004 年出版）

12.《林和靖与西湖》(杭州出版社 2004 年出版)
13.《毛泽东与西湖》(杭州出版社 2004 年出版)
14.《文澜阁与四库全书》(杭州出版社 2004 年出版)
15.《岳飞墓庙》(杭州出版社 2005 年出版)
16.《西湖别墅》(杭州出版社 2005 年出版)
17.《楼外楼》(杭州出版社 2005 年出版)
18.《西泠印社》(杭州出版社 2005 年出版)
19.《西湖楹联》(杭州出版社 2005 年出版)
20.《西湖诗词》(杭州出版社 2005 年出版)
21.《西湖织锦》(杭州出版社 2005 年出版)
22.《西湖老照片》(杭州出版社 2005 年出版)
23.《西湖八十景》(杭州出版社 2005 年出版)
24.《钱镠与西湖》(杭州出版社 2005 年出版)
25.《西湖名人墓葬》(杭州出版社 2005 年出版)
26.《康熙、乾隆两帝与西湖》(杭州出版社 2005 年出版)
27.《西湖造像》(杭州出版社 2006 年出版)
28.《西湖史话》(杭州出版社 2006 年出版)
29.《西湖戏曲》(杭州出版社 2006 年出版)
30.《西湖地名》(杭州出版社 2006 年出版)
31.《胡庆余堂》(杭州出版社 2006 年出版)
32.《西湖之谜》(杭州出版社 2006 年出版)
33.《西湖传说》(杭州出版社 2006 年出版)
34.《西湖游船》(杭州出版社 2006 年出版)
35.《洪昇与西湖》(杭州出版社 2006 年出版)
36.《高僧与西湖》(杭州出版社 2006 年出版)
37.《周恩来与西湖》(杭州出版社 2006 年出版)
38.《西湖老明信片》(杭州出版社 2006 年出版)
39.《西湖匾额》(杭州出版社 2007 年出版)
40.《西湖小品》(杭州出版社 2007 年出版)
41.《西湖游艺》(杭州出版社 2007 年出版)
42.《西湖亭阁》(杭州出版社 2007 年出版)
43.《西湖花卉》(杭州出版社 2007 年出版)
44.《司徒雷登与西湖》(杭州出版社 2007 年出版)
45.《吴山》(杭州出版社 2008 年出版)
46.《湖滨》(杭州出版社 2008 年出版)

47.《六和塔》(杭州出版社 2008 年出版)
48.《西湖绘画》(杭州出版社 2008 年出版)
49.《西湖名人》(杭州出版社 2008 年出版)
50.《纸币西湖》(杭州出版社 2008 年出版)
51.《西湖书法》(杭州出版社 2008 年出版)
52.《万松书缘》(杭州出版社 2008 年出版)
53.《西湖之堤》(杭州出版社 2008 年出版)
54.《巴金与西湖》(杭州出版社 2008 年出版)
55.《西湖名碑》(杭州出版社 2013 年出版)
56.《西湖孤山》(杭州出版社 2013 年出版)
57.《西湖茶文化》(杭州出版社 2013 年出版)
58.《宋画与西湖》(杭州出版社 2013 年出版)
59.《西湖文献撷英》(杭州出版社 2013 年出版)
60.《章太炎与西湖》(杭州出版社 2013 年出版)
61.《品味西湖三十景》(杭州出版社 2013 年出版)
62.《西湖赏石》(杭州出版社 2014 年出版)
63.《西湖一勺水——杭州西湖水井地图考略》(浙江人民美术出版社 2019 年出版)
64.《行走西湖山水间》(杭州出版社 2019 年出版)
65.《西湖摩崖萃珍一百品》(杭州出版社 2019 年出版)
66.《诗缘西子湖》(杭州出版社 2020 年出版)
67.《西湖古版画》(杭州出版社 2020 年出版)
68.《日本人眼中的西湖》(杭州出版社 2021 年出版)
69.《西方人眼中的西湖》(杭州出版社 2021 年出版)

西溪丛书

1.《西溪寻踪》(杭州出版社 2007 年出版)
2.《西溪的传说》(杭州出版社 2007 年出版)
3.《西溪的动物》(杭州出版社 2007 年出版)
4.《西溪的植物》(杭州出版社 2007 年出版)
5.《西溪沿山十八坞》(杭州出版社 2007 年出版)
6.《西溪历代诗文选》(杭州出版社 2007 年出版)
7.《西溪书法楹联集》(杭州出版社 2007 年出版)
8.《西溪历史文化探述》(杭州出版社 2007 年出版)

9.《西溪胜景历史遗迹》(杭州出版社2007年出版)
10.《西溪的水》(杭州出版社2012年出版)
11.《西溪的桥》(杭州出版社2012年出版)
12.《西溪游记》(杭州出版社2012年出版)
13.《西溪丛语》(杭州出版社2012年出版)
14.《西溪画寻》(杭州出版社2012年出版)
15.《西溪民俗》(杭州出版社2012年出版)
16.《西溪雅士》(杭州出版社2012年出版)
17.《西溪望族》(杭州出版社2012年出版)
18.《西溪的物产》(杭州出版社2012年出版)
19.《西溪与越剧》(杭州出版社2012年出版)
20.《西溪医药文化》(杭州出版社2012年出版)
21.《西溪民间风情》(杭州出版社2012年出版)
22.《西溪民间故事》(杭州出版社2012年出版)
23.《西溪民间工艺》(杭州出版社2012年出版)
24.《西溪古镇古村落》(杭州出版社2012年出版)
25.《西溪的历史建筑》(杭州出版社2012年出版)
26.《西溪的宗教文化》(杭州出版社2012年出版)
27.《西溪与蕉园诗社》(杭州出版社2012年出版)
28.《西溪集古楹联匾额》(杭州出版社2012年出版)
29.《西溪蒋坦与〈秋灯琐忆〉》(杭州出版社2012年出版)
30.《西溪名人》(杭州出版社2013年出版)
31.《西溪隐红》(杭州出版社2013年出版)
32.《西溪留下》(杭州出版社2013年出版)
33.《西溪山坞》(杭州出版社2013年出版)
34.《西溪揽胜》(杭州出版社2013年出版)
35.《西溪与水浒》(杭州出版社2013年出版)
36.《西溪诗词选注》(杭州出版社2013年出版)
37.《西溪地名揽萃》(杭州出版社2013年出版)
38.《西溪的龙舟胜会》(杭州出版社2013年出版)
39.《西溪民间语言趣谈》(杭州出版社2013年出版)
40.《西溪新吟》(浙江人民出版社2016年出版)
41.《西溪商贸》(浙江人民出版社2016年出版)
42.《西溪原住民记影》(浙江人民出版社2016年出版)
43.《西溪创意产业园》(浙江人民出版社2016年出版)

44.《西溪渔文化》(浙江人民出版社 2016 年出版)
45.《西溪旧影》(浙江人民出版社 2016 年出版)
46.《西溪洪氏》(浙江人民出版社 2016 年出版)
47.《西溪的美食文化》(浙江人民出版社 2016 年出版)
48.《西溪节日文化》(浙江人民出版社 2016 年出版)
49.《千年古刹——永兴寺》(浙江人民出版社 2017 年出版)
50.《自画西溪旧事》(杭州出版社 2018 年出版)
51.《西溪民间武术》(杭州出版社 2018 年出版)
52.《西溪心影》(杭州出版社 2018 年出版)
53.《西溪教育偶拾》(浙江人民出版社 2019 年出版)
54.《西溪湿地原住民口述史》(杭州出版社 2019 年出版)
55.《西溪花语》(杭州出版社 2019 年出版)
56.《廿四节气里的西溪韵味》(杭州出版社 2019 年出版)
57.《名人与西溪·漫游篇》(浙江人民出版社 2019 年出版)
58.《名人与西溪·世家篇》(浙江人民出版社 2019 年出版)
59.《名人与西溪·梵隐篇》(浙江人民出版社 2019 年出版)
60.《名人与西溪·乡贤篇》(浙江人民出版社 2019 年出版)
61.《名人与西溪·文苑篇》(浙江人民出版社 2019 年出版)
62.《西溪梅文化》(杭州出版社 2019 年出版)
63.《西溪食经》(浙江科学技术出版社 2020 年出版)
64.《西溪青少年研学读本：民间故事》(杭州出版社 2021 年出版)
65.《西溪青少年研学读本：动物植物》(杭州出版社 2021 年出版)
66.《西溪青少年研学读本：民俗文化》(杭州出版社 2021 年出版)
67.《西溪青少年研学读本：人文景观》(杭州出版社 2021 年出版)
68.《西溪青少年研学读本：诗词散文》(杭州出版社 2021 年出版)
69.《西溪青少年研学读本：研学百科》(杭州出版社 2021 年出版)

运河(河道)丛书

1.《杭州运河风俗》(杭州出版社 2006 年出版)
2.《杭州运河遗韵》(杭州出版社 2006 年出版)
3.《杭州运河文献(上下)》(杭州出版社 2006 年出版)
4.《京杭大运河图说》(杭州出版社 2006 年出版)
5.《杭州运河历史研究》(杭州出版社 2006 年出版)
6.《杭州运河桥船码头》(杭州出版社 2006 年出版)

7.《杭州运河古诗词选评》(杭州出版社 2006 年出版)
8.《走近大运河·散文诗歌卷》(杭州出版社 2006 年出版)
9.《走近大运河·游记文学卷》(杭州出版社 2006 年出版)
10.《走近大运河·纪实文学卷》(杭州出版社 2006 年出版)
11.《走近大运河·传说故事卷》(杭州出版社 2006 年出版)
12.《走近大运河·美术摄影书法采风作品集》(杭州出版社 2006 年出版)
13.《杭州运河治理》(杭州出版社 2013 年出版)
14.《杭州运河新貌》(杭州出版社 2013 年出版)
15.《杭州运河歌谣》(杭州出版社 2013 年出版)
16.《杭州运河戏曲》(杭州出版社 2013 年出版)
17.《杭州运河集市》(杭州出版社 2013 年出版)
18.《杭州运河桥梁》(杭州出版社 2013 年出版)
19.《穿越千年的通途》(杭州出版社 2013 年出版)
20.《穿花泄月绕城来》(杭州出版社 2013 年出版)
21.《烟柳运河一脉清》(杭州出版社 2013 年出版)
22.《口述杭州河道历史》(杭州出版社 2013 年出版)
23.《杭州运河历史建筑》(杭州出版社 2013 年出版)
24.《杭州河道历史建筑》(杭州出版社 2013 年出版)
25.《外国人眼中的大运河》(杭州出版社 2013 年出版)
26.《杭州河道诗词楹联选粹》(杭州出版社 2013 年出版)
27.《杭州运河非物质文化遗产》(杭州出版社 2013 年出版)
28.《杭州运河宗教文化掠影》(杭州出版社 2013 年出版)
29.《杭州运河土特产》(杭州出版社 2013 年出版)
30.《杭州运河史话》(杭州出版社 2013 年出版)
31.《杭州运河旅游》(杭州出版社 2013 年出版)
32.《杭州河道文明探寻》(杭州出版社 2013 年出版)
33.《杭州运河名人》(杭州出版社 2014 年出版)
34.《中东河新传》(杭州出版社 2015 年出版)
35.《杭州运河船》(杭州出版社 2015 年出版)
36.《杭州运河名胜》(杭州出版社 2015 年出版)
37.《杭州河道社区》(杭州出版社 2015 年出版)
38.《运河边的租界——拱宸桥》(杭州出版社 2015 年出版)
39.《运河文化名镇塘栖》(杭州出版社 2015 年出版)
40.《杭州运河旧影》(杭州出版社 2017 年出版)
41.《运河上的杭州》(浙江人民美术出版社 2017 年出版)

42.《西湖绸伞寻踪》（浙江人民美术出版社 2017 年出版）
43.《杭州运河文化之旅》（浙江人民美术出版社 2017 年出版）
44.《亲历杭州河道治理》（浙江古籍出版社 2018 年出版）
45.《杭州河道故事与传说》（浙江古籍出版社 2018 年出版）
46.《杭州运河老厂》（杭州出版社 2018 年出版）
47.《运河村落的蚕丝情结》（杭州出版社 2018 年出版）
48.《运河文物故事》（杭州出版社 2019 年出版）
49.《杭州河道名称历史由来》（浙江古籍出版社 2019 年出版）
50.《杭州古代河道治理》（杭州出版社 2019 年出版）
51.《杭州运河老字号丛书·百年汇昌》（杭州出版社 2021 年出版）
52.《杭州运河老字号丛书·方回春堂》（杭州出版社 2021 年出版）
53.《杭州运河老字号丛书·胡庆余堂》（杭州出版社 2021 年出版）
54.《杭州运河老字号丛书·王星记》（杭州出版社 2021 年出版）
55.《杭州运河老字号丛书·奎元馆》（杭州出版社 2021 年出版）
56.《杭州运河老字号丛书·都锦生》（杭州出版社 2021 年出版）
57.《杭州运河老字号丛书·西泠印社》（杭州出版社 2021 年出版）
58.《杭州运河老字号丛书·孔凤春》（杭州出版社 2021 年出版）
59.《杭州运河老字号丛书·张小泉》（杭州出版社 2021 年出版）
60.《杭州运河老字号丛书·知味观》（杭州出版社 2021 年出版）
61.《杭州运河老字号丛书·前世与今生》（杭州出版社 2021 年出版）
62.《杭州运河老字号丛书·传承与发展》（杭州出版社 2021 年出版）
63.《名人与杭州河道·文苑篇》（杭州出版社 2021 年出版）
64.《名人与杭州河道·名宦篇》（杭州出版社 2021 年出版）
65.《名人与杭州河道·侨寓篇》（杭州出版社 2021 年出版）
66.《名人与杭州河道·乡贤篇》（杭州出版社 2021 年出版）
67.《江南食事》（杭州出版社 2022 年出版）

钱塘江丛书

1.《钱塘江传说》（杭州出版社 2013 年出版）
2.《钱塘江名人》（杭州出版社 2013 年出版）
3.《钱塘江金融文化》（杭州出版社 2013 年出版）
4.《钱塘江医药文化》（杭州出版社 2013 年出版）
5.《钱塘江历史建筑》（杭州出版社 2013 年出版）
6.《钱塘江古镇梅城》（杭州出版社 2013 年出版）

7.《茅以升和钱塘江大桥》（杭州出版社 2013 年出版）
8.《古邑分水》（杭州出版社 2013 年出版）
9.《孙权故里》（杭州出版社 2013 年出版）
10.《钱塘江风光》（杭州出版社 2013 年出版）
11.《钱塘江戏曲》（杭州出版社 2013 年出版）
12.《钱塘江风俗》（杭州出版社 2013 年出版）
13.《淳安千岛湖》（杭州出版社 2013 年出版）
14.《钱塘江航运》（杭州出版社 2013 年出版）
15.《钱塘江旧影》（杭州出版社 2013 年出版）
16.《钱塘江水电站》（杭州出版社 2013 年出版）
17.《钱塘江水上运动》（杭州出版社 2013 年出版）
18.《钱塘江民间工艺美术》（杭州出版社 2013 年出版）
19.《黄公望与〈富春山居图〉》（杭州出版社 2013 年出版）
20.《钱江梵影》（杭州出版社 2014 年出版）
21.《严光与严子陵钓台》（杭州出版社 2014 年出版）
22.《钱塘江史话》（杭州出版社 2014 年出版）
23.《桐君山》（杭州出版社 2014 年出版）
24.《钱塘江藏书与刻书文化》（杭州出版社 2014 年出版）
25.《外国人眼中的钱塘江》（杭州出版社 2014 年出版）
26.《钱塘江绘画》（杭州出版社 2014 年出版）
27.《钱塘江饮食》（杭州出版社 2014 年出版）
28.《钱塘江游记》（杭州出版社 2014 年出版）
29.《钱塘江茶史》（杭州出版社 2015 年出版）
30.《钱江潮与弄潮儿》（杭州出版社 2015 年出版）
31.《之江大学史》（杭州出版社 2015 年出版）
32.《钱塘江方言》（杭州出版社 2015 年出版）
33.《钱塘江船舶》（杭州出版社 2017 年出版）
34.《城·水·光·影——杭州钱江新城亮灯工程》（杭州出版社 2018 年出版）
35.《名人与钱塘江·贤宦篇》（杭州出版社 2020 年出版）
36.《名人与钱塘江·文苑篇》（杭州出版社 2020 年出版）
37.《名人与钱塘江·贤达篇》（杭州出版社 2020 年出版）
38.《名人与钱塘江·乡贤篇》（杭州出版社 2020 年出版）
39.《名人与钱塘江·梵隐篇》（杭州出版社 2020 年出版）

良渚丛书

1.《神巫的世界》(杭州出版社 2013 年出版)
2.《纹饰的秘密》(杭州出版社 2013 年出版)
3.《玉器的故事》(杭州出版社 2013 年出版)
4.《从村居到王城》(杭州出版社 2013 年出版)
5.《良渚人的衣食》(杭州出版社 2013 年出版)
6.《良渚文明的圣地》(杭州出版社 2013 年出版)
7.《神人兽面的真像》(杭州出版社 2013 年出版)
8.《良渚文化发现人施昕更》(杭州出版社 2013 年出版)
9.《良渚文化的古环境》(杭州出版社 2014 年出版)
10.《良渚文化的水井》(浙江古籍出版社 2015 年出版)
11.《建构神圣——良渚文化的玉器、图像与信仰》(浙江古籍出版社 2021 年出版)
12.《良渚墓葬》(浙江古籍出版社 2022 年出版)

余杭丛书

1.《品味塘栖》(浙江古籍出版社 2015 年出版)
2.《吃在塘栖》(浙江古籍出版社 2016 年出版)
3.《塘栖蜜饯》(浙江古籍出版社 2017 年出版)
4.《村落拾遗》(浙江古籍出版社 2017 年出版)
5.《余杭老古话》(浙江古籍出版社 2018 年出版)
6.《传说塘栖》(浙江古籍出版社 2019 年出版)
7.《余杭奇人陈元赟》(浙江古籍出版社 2019 年出版)
8.《章太炎讲国学》(上海人民出版社 2019 年出版)
9.《章太炎家书》(上海人民出版社 2019 年出版)
10.《余杭老古话续编》(浙江古籍出版社 2021 年出版)
11.《余杭山水形胜》(浙江古籍出版社 2021 年出版)

湘湖(白马湖)丛书

1.《湘湖史话》(杭州出版社 2013 年出版)
2.《湘湖传说》(杭州出版社 2013 年出版)
3.《东方文化园》(杭州出版社 2013 年出版)

4.《任伯年评传》(杭州出版社 2013 年出版)
5.《湘湖风俗》(杭州出版社 2013 年出版)
6.《一代名幕汪辉祖》(杭州出版社 2014 年出版)
7.《湘湖诗韵》(浙江古籍出版社 2014 年出版)
8.《白马湖诗词》(西泠印社出版社 2014 年出版)
9.《白马湖传说》(西泠印社出版社 2014 年出版)
10.《画韵湘湖》(浙江摄影出版社 2015 年出版)
11.《湘湖人物》(浙江古籍出版社 2015 年出版)
12.《白马湖俗语》(西泠印社出版社 2015 年出版)
13.《湘湖楹联》(杭州出版社 2016 年出版)
14.《湘湖诗词(上下)》(杭州出版社 2016 年出版)
15.《湘湖物产》(浙江古籍出版社 2016 年出版)
16.《湘湖故事新编》(浙江人民出版社 2016 年出版)
17.《白马湖风物》(西泠印社出版社 2016 年出版)
18.《湘湖记忆》(杭州出版社 2016 年出版)
19.《湘湖民间文化遗存》(西泠印社出版社 2016 年出版)
20.《汪辉祖家训》(杭州出版社 2017 年出版)
21.《诗狂贺知章》(浙江人民出版社 2017 年出版)
22.《西兴史迹寻踪》(西泠印社出版社 2017 年出版)
23.《来氏与九厅十三堂》(西泠印社出版社 2017 年出版)
24.《白马湖楹联碑记》(西泠印社出版社 2017 年出版)
25.《湘湖新咏》(西泠印社出版社 2017 年出版)
26.《湘湖之谜》(浙江人民出版社 2017 年出版)
27.《长河史迹寻踪》(西泠印社出版社 2017 年出版)
28.《湘湖宗谱与宗祠》(杭州出版社 2018 年出版)
29.《毛奇龄与湘湖》(浙江人民出版社 2018 年出版)
30.《湘湖图说》(浙江人民出版社 2018 年出版)
31.《萧山官河两岸乡贤书画逸闻》(西泠印社出版社 2019 年出版)
32.《民国湘湖轶事》(浙江人民出版社 2020 年出版)
33.《清代湘湖轶事》(浙江人民出版社 2020 年出版)
34.《寻味萧山》(杭州出版社 2020 年出版)
35.《名人与湘湖(白马湖)·鸿儒大家篇》(杭州出版社 2020 年出版)
36.《名人与湘湖(白马湖)·文苑雅士篇》(杭州出版社 2020 年出版)
37.《名人与湘湖(白马湖)·贤达名流篇》(杭州出版社 2020 年出版)
38.《名人与湘湖(白马湖)·乡贤名绅篇》(杭州出版社 2020 年出版)

39.《名人与湘湖（白马湖）·御迹臣事篇》（杭州出版社 2020 年出版）
40.《湘湖百桥》（浙江摄影出版社 2021 年出版）

研究报告

杭州研究报告

1.《金砖四城——杭州都市经济圈解析》（杭州出版社 2013 年出版）
2.《民间文化杭州论稿》（杭州出版社 2013 年出版）
3.《杭州方言与宋室南迁》（杭州出版社 2013 年出版）
4.《一座城市的味觉遗香——杭州饮食文化遗产研究》（浙江古籍出版社 2018 年出版）

西湖研究报告

《西湖景观题名文化研究》（杭州出版社 2016 年出版）

西溪研究报告

1.《西溪研究报告（一）》（杭州出版社 2016 年出版）
2.《西溪研究报告（二）》（杭州出版社 2017 年出版）
3.《湿地保护与利用的“西溪模式”——城市管理者培训特色教材·西溪篇》（杭州出版社 2017 年出版）
4.《西溪专题史研究》（杭州出版社 2018 年出版）
5.《西溪历史文化景观研究》（杭州出版社 2019 年出版）
6.《旅游符号学视阈中的景观保护与利用研究——以杭州西溪湿地为例》（杭州出版社 2020 年出版）
7.《杭州西溪湿地审美意象实证研究》（杭州出版社 2021 年出版）

运河（河道）研究报告

1.《杭州河道研究报告（一）》（浙江古籍出版社 2015 年出版）

2.《中国大运河保护与利用的杭州模式——城市管理者培训特色教材·运河篇》(杭州出版社 2018 年出版)

3.《杭州河道有机更新实践创新与经验启示——城市管理者培训特色教材·河道篇》(杭州出版社 2019 年出版)

4.《杭州运河(河道)专题史研究(上下)》(杭州出版社 2019 年出版)

钱塘江研究报告

1.《钱塘江研究报告(一)》(杭州出版社 2013 年出版)

2.《潮涌新城:杭州钱江新城建设历程、经验与启示——城市管理者教材》(杭州出版社 2019 年出版)

良渚研究报告

《良渚古城墙铺垫石研究报告》(浙江古籍出版社 2018 年出版)

余杭研究报告

1.《慧焰薪传——径山禅茶文化研究》(杭州出版社 2014 年出版)

2.《沈括研究》(浙江古籍出版社 2016 年出版)

湘湖(白马湖)研究报告

1.《九个世纪的嬗变——中国·杭州湘湖开筑 900 周年学术论坛文集》(浙江古籍出版社 2014 年出版)

2.《湘湖保护与开发研究报告(一)》(杭州出版社 2015 年出版)

3.《湘湖文化保护与旅游开发研讨会论文集》(浙江古籍出版社 2015 年出版)

4.《湘湖战略定位与保护发展对策研究》(浙江古籍出版社 2016 年出版)

5.《湘湖金融历史文化研究文集》(浙江人民出版社 2016 年出版)

6.《湘湖综合保护与开发:经验·历程·启示——城市管理者培训特色教材·湘湖篇》(杭州出版社 2018 年出版)

7.《杨时与湘湖研究文集》(浙江人民出版社 2018 年出版)

8.《湘湖研究论文专辑》(杭州出版社 2018 年出版)

9.《湘湖历史文化调查报告(上下)》(杭州出版社 2018 年出版)

10.《湘湖（白马湖）专题史（上下）》（浙江人民出版社 2019 年出版）

11.《湘湖研究论丛——陈志根湘湖研究论文选》（浙江人民出版社 2019 年出版）

南宋史研究丛书

1.《南宋史研究论丛（上下）》（杭州出版社 2008 年出版）
2.《朱熹研究》（人民出版社 2008 年出版）
3.《叶适研究》（人民出版社 2008 年出版）
4.《陆游研究》（人民出版社 2008 年出版）
5.《马扩研究》（人民出版社 2008 年出版）
6.《岳飞研究》（人民出版社 2008 年出版）
7.《秦桧研究》（人民出版社 2008 年出版）
8.《宋理宗研究》（人民出版社 2008 年出版）
9.《文天祥研究》（人民出版社 2008 年出版）
10.《辛弃疾研究》（人民出版社 2008 年出版）
11.《陆九渊研究》（人民出版社 2008 年出版）
12.《南宋官窑》（杭州出版社 2008 年出版）
13.《南宋临安城考古》（杭州出版社 2008 年出版）
14.《南宋临安典籍文化》（杭州出版社 2008 年出版）
15.《南宋都城临安》（杭州出版社 2008 年出版）
16.《南宋史学史》（人民出版社 2008 年出版）
17.《南宋宗教史》（人民出版社 2008 年出版）
18.《南宋政治史》（人民出版社 2008 年出版）
19.《南宋人口史》（上海古籍出版社 2008 年出版）
20.《南宋交通史》（上海古籍出版社 2008 年出版）
21.《南宋教育史》（上海古籍出版社 2008 年出版）
22.《南宋思想史》（上海古籍出版社 2008 年出版）
23.《南宋军事史》（上海古籍出版社 2008 年出版）
24.《南宋手工业史》（上海古籍出版社 2008 年出版）
25.《南宋绘画史》（上海古籍出版社 2008 年出版）
26.《南宋书法史》（上海古籍出版社 2008 年出版）
27.《南宋戏曲史》（上海古籍出版社 2008 年出版）
28.《南宋临安大事记》（杭州出版社 2008 年出版）
29.《南宋临安对外交流》（杭州出版社 2008 年出版）

30.《南宋文学史》(人民出版社2009年出版)
31.《南宋科技史》(人民出版社2009年出版)
32.《南宋城镇史》(人民出版社2009年出版)
33.《南宋科举制度史》(人民出版社2009年出版)
34.《南宋临安工商业》(人民出版社2009年出版)
35.《南宋农业史》(人民出版社2010年出版)
36.《南宋临安文化》(杭州出版社2010年出版)
37.《南宋临安宗教》(杭州出版社2010年出版)
38.《南宋名人与临安》(杭州出版社2010年出版)
39.《南宋法制史》(人民出版社2011年出版)
40.《南宋临安社会生活》(杭州出版社2011年出版)
41.《宋画中的南宋建筑》(西泠印社出版社2011年出版)
42.《南宋舒州公牍佚简整理与研究》(上海古籍出版社2011年出版)
43.《南宋全史(一)》(上海古籍出版社2011年出版)
44.《南宋全史(二)》(上海古籍出版社2011年出版)
45.《南宋全史(三)》(上海古籍出版社2012年出版)
46.《南宋全史(四)》(上海古籍出版社2012年出版)
47.《南宋全史(五)》(上海古籍出版社2012年出版)
48.《南宋全史(六)》(上海古籍出版社2012年出版)
49.《南宋全史(七)》(上海古籍出版社2015年出版)
50.《南宋全史(八)》(上海古籍出版社2015年出版)
51.《南宋美学思想研究》(上海古籍出版社2012年出版)
52.《南宋川陕边行政运行体制研究》(上海古籍出版社2012年出版)
53.《南宋藏书史》(人民出版社2013年出版)
54.《南宋陶瓷史》(上海古籍出版社2013年出版)
55.《南宋明州先贤祠研究》(上海古籍出版社2013年出版)
56.《南宋建筑史》(上海古籍出版社2014年出版)
57.《金人"中国"观研究》(上海古籍出版社2014年出版)
58.《宋金交聘制度研究》(上海古籍出版社2014年出版)
59.《图说宋人服饰》(上海古籍出版社2014年出版)
60.《南宋社会民间纠纷及其解决途径研究》(上海古籍出版社2015年出版)
61.《咸淳临安志宋版京城四图复原研究》(上海古籍出版社2015年出版)
62.《南宋都城临安研究——以考古为中心》(上海古籍出版社2016年出版)

63.《两宋宗室研究 -- 以制度考察为中心（上下）》（上海古籍出版社 2016 年出版）

64.《南宋园林史》（上海古籍出版社 2017 年出版）

65.《道命錄》（上海古籍出版社 2017 年出版）

66.《昆陵集》（上海古籍出版社 2017 年出版）

67.《西湖游览志》（上海古籍出版社 2017 年出版）

68.《西湖游览志馀》（上海古籍出版社 2018 年出版）

69.《建炎以来系年要录》（全八册）（上海古籍出版社 2018 年出版）

70.《南宋理学一代宗师杨时思想研究》（上海古籍出版社 2018 年出版）

南宋研究报告

1.《两宋“一带一路”战略·长江经济带战略研究》（杭州出版社 2018 年出版）

2.《南北融合：两宋与“一带一路”建设研究》（杭州出版社 2018 年出版）

通　史

西溪通史

《西溪通史（全三卷）》（杭州出版社 2017 年出版）

辞　典

余杭辞典

《余杭辞典》（浙江古籍出版社 2021 年出版）